高职高专"十三五"规划教材编审委员会

主　任：张红伟

副主任：李远军　何乔义　欧阳波仪　宋广辉　张　健　孙海波
　　　　孙国君　周万春　王凤军　张裕荣　刘凤波　刘晓鹏
　　　　徐　涛　王　敏　戴晓锋　包科杰　李年芬

委　员：（按姓氏汉语拼音排序）

包科杰　曹文霞　陈睿伟　代　洪　戴晓锋　冯　凯
郭斌峰　何乔义　何世勇　洪　飞　胡新宇　贾建波
李　刚　李　岚　李年芬　李远军　刘凤波　刘晓军
刘晓鹏　刘兆义　倪晋尚　欧阳波仪　彭琪波　秦　浩
邱亚宇　史　婷　宋广辉　宋发民　孙国君　孙海波
谭　辉　陶　阳　涂　杰　王凤军　王　辉　王加升
王　琳　王　敏　王先耀　韦孟洲　肖友荣　徐　涛
袁　芬　袁　庆　曾晓彤　张存良　张桂华　张红伟
张　健　张良勇　张晓龙　张显辉　张裕荣　张仲颖
赵伟章　郑　荻　郑　路　周万春　朱　炼

高职高专"十三五"规划教材

汽车拆装实训教程

王 敏 主编
肖俊青 副主编

双色版

化学工业出版社

·北京·

本书在理论与实际并重原则基础上,突出对汽车结构总成的拆装、维护、检修、装配等相关知识与技能的培养。书中根据项目教学的要求,将具体内容按照学习任务描述、任务导入、信息资讯、任务实施、知识考核的形式进行编排。全书共分七个项目,内容包括规范及基础能力训练、汽油发动机检修与拆装、传动系统检修与拆装、行驶系统检修与拆装、转向系统检修与拆装、制动系统检修与拆装、车身及主要附属设备认识等。书中采用大量的实物及结构图片展示结构,更便于认识和理解。

为方便教学,本书配套电子课件等数字资源,可免费赠送给用本书作为授课教材的院校和老师,如果需要,可登录化学工业出版社教学资源网 www.cipedu.com.cn 免费下载。

本书可作为高职高专院校汽车类专业的教材,也可供相关维修技术人员使用,同时也可作为汽车维修中、高级技工的培训用书。

图书在版编目(CIP)数据

汽车拆装实训教程/王敏主编. —北京:化学工业出版社,2018.8(2024.9重印)
高职高专"十三五"规划教材
ISBN 978-7-122-32339-2

Ⅰ.①汽… Ⅱ.①王… Ⅲ.①汽车-装配(机械)-高等职业教育-教材 Ⅳ.①U472.4

中国版本图书馆 CIP 数据核字(2018)第 123744 号

责任编辑:韩庆利　甘九林　　　　　　　　　　　装帧设计:刘丽华
责任校对:边　涛

出版发行:化学工业出版社(北京市东城区青年湖南街 13 号　邮政编码 100011)
印　　装:涿州市般润文化传播有限公司
787mm×1092mm　1/16　印张 13¼　字数 331 千字　2024 年 9 月北京第 1 版第 2 次印刷

购书咨询:010-64518888　　　　　　　　　　售后服务:010-64518899
网　　址:http://www.cip.com.cn
凡购买本书,如有缺损质量问题,本社销售中心负责调换。

定　　价:36.00 元　　　　　　　　　　　　　　　　版权所有　违者必究

本书以汽车结构总成常见故障为典型工作任务，强化汽车发动机、底盘系统检修的技能训练，使学生正确认识汽车总成和汽车发动机系统、底盘系统零部件，熟练掌握汽车专用拆装工具的使用、汽车拆装技能及故障检修技能。

我们对本书的体系结构做了精心设计，全书分为 7 个项目共 20 个学习任务，各项目按照汽车动力传递路线层层推进，任务从学习任务描述、任务导入、信息资讯到任务实施，最后通过任务工作单完成考核评价，达到掌握知识技能一体化。同时，在学习过程中，培养学生团队协作能力、安全责任意识和质量意识，对促进学生就业具有显著作用。

本书由湖北工程职业学院王敏任主编，湖北工程职业学院肖俊青任副主编。编写成员及分工为：王敏（项目一，并对全书进行统稿），肖俊青（项目三和项目四），吴亚明（项目二），胡斌（项目五），熊飞（项目六），何威、童亮（项目七）。

本书编写过程中，得到黄石大桥汽车服务有限公司、黄石德众汽车销售服务公司、黄石全柴腾达汽车销售服务有限公司、黄石恒信德龙汽车销售服务有限公司的大力支持与帮助，谨此致谢。

为方便教学，本书配套电子课件等数字资源，可免费赠送给用本书作为授课教材的院校和老师，如果需要，可登录化学工业出版社教学资源网 www.cipedu.com.cn 免费下载。

由于我们水平有限，书中难免有疏漏之处，恳请广大读者批评指正。

编　者

目录 CONTENTS

项目一 规范及基础能力训练 …………………………………………… 1
任务 1.1　汽车拆装安全规范 ……………………………………………………… 1
任务 1.2　拆装工具与设备使用 …………………………………………………… 4

项目二 汽油发动机检修与拆装 …………………………………… 12
任务 2.1　机体组检修与拆装 …………………………………………………… 12
任务 2.2　活塞连杆组检修与拆装 ……………………………………………… 21
任务 2.3　曲轴飞轮组检修与拆装 ……………………………………………… 32
任务 2.4　配气机构检修与拆装 ………………………………………………… 43
任务 2.5　发电机检修与拆装 …………………………………………………… 55

项目三 传动系统检修与拆装 ……………………………………… 61
任务 3.1　离合器总成的检测与维修 …………………………………………… 61
任务 3.2　变速器的结构认识与拆装 …………………………………………… 69
任务 3.3　万向传动装置检修与拆装 …………………………………………… 77
任务 3.4　主减速器和差速器结构认识与拆装 ………………………………… 82

项目四 行驶系统检修与拆装 ……………………………………… 88
任务 4.1　悬架的拆装与检修 …………………………………………………… 88
任务 4.2　车轮与车桥结构认识与拆装 ………………………………………… 95

任务 4.3　行驶系统故障诊断与检修 ……………………………………………… 103

项目五　转向系统检修与拆装　　116

任务 5.1　转向器及转向传动机构拆装 …………………………………………… 116
任务 5.2　动力转向系统及转向操纵机构拆装 …………………………………… 136

项目六　制动系统检修与拆装　　156

任务 6.1　制动器机构拆装 ………………………………………………………… 156
任务 6.2　动力助力系统结构认识与拆装 ………………………………………… 169

项目七　车身及主要附属设备认识　　194

任务 7.1　汽车车身结构认识 ……………………………………………………… 194
任务 7.2　汽车主要附属安全设备认识 …………………………………………… 202

参考文献　　207

项目一 规范及基础能力训练

任务 1.1　汽车拆装安全规范

  学习任务描述

汽车拆装实训安全文明生产的相关要求和规范。

  一、任务导入

完成本学习任务后，应当能：
（1）掌握汽车实训室纪律和清洁卫生要求；
（2）了解汽车拆装和检修安全操作规程。
建议完成本学习任务为 2 学时。

  二、信息资讯

1. 汽车维修安全的内容

安全生产是指生产过程处于避免人身伤害、设备损坏及其他不可接受的损害风险（危险）的状态。正确贯彻执行国家和地方的安全生产、劳动保护和环境卫生的法律法规、方针政策和标准规程，使维修现场安全生产工作做到目标明确，组织、措施落实，保障作业安全。汽车维修作业中的安全包含以下两个方面的内容：

① 维修过的汽车不得存在任何安全隐患。

② 维修过程中，维修人员的人身安全要得到全方位的保护，尤其要能预见到可能的伤害。

通过严格的安全制度、规范的操作规程、完善的劳动纪律来保证维修人员的安全。做到预防为主，养成安全操作的习惯。

2. 汽车维修企业安全警告标志

汽车维修企业安全标志用于提醒机械、电器等的使用者，注意避免可能造成人身伤害及机械损坏的危险。所有员工必须养成进入工作场所，首先注意设施和墙壁等处警告标志的习惯。

3. 汽车维修作业中的安全防范

汽车维修作业中的有害因素有火灾、机械伤害、废气、化工用品、粉尘及噪声等。

(1) 火灾的防范　汽车发生火灾大部分是由于车辆燃油系统故障和电气线路设备故障或违章操作所引起的，也有少部分是由于吸烟、使用明火不当引起的。

火灾防范措施：

① 吸烟应到吸烟室。

② 严禁一切低燃点油、气、醇与照明设施及带电的线路接触，焊工工作场地严禁存放汽油、香蕉水等易燃、易爆物品。

③ 千万不要在处于充电状态的电池附近使用明火或产生火花，因为它们会产生可以点燃的爆炸性气体。

④ 有毒、易燃、易爆物品及化学物品，粉尘、腐蚀剂、污染物及压力容器等应有安全防护措施和设施，压力容器及仪表等应严格按有关部门要求定期校验。

⑤ 如果发现电气设备有任何异常、短路或发生火灾，应首先关闭电源。

⑥ 不要靠近断裂或摇晃的电线，千万不要用湿手接触任何电气设备，千万不要接触标有"发生故障"的开关。拔下插头时，不要拔电线，而应当拉插头本身，不要让电缆通过潮湿、浸有油的地方、炽热的表面以及尖角附近。

(2) 机械伤害防范　在汽车维修过程中，会因操作及设施的不规范而引起员工的挤、扭、摔、划、割、砸、压等伤害。

机械伤害的防范措施：

① 操作前应认真穿戴好规定的防护用品，检查所用设备及工具是否完好和安全可靠。

② 维修车辆前，应将车辆停、架牢固后方可作业，举升设备应由专人操作，非工作人员不准进入车下，举车时不准检修举升设备。

③ 加强设备的维护，保持作业场地的整洁、安全消防通道的畅通，做好文明生产，正确使用和妥善保管好各种操作工具。

④ 路试车辆必须由具有驾驶证及技术熟练的试车员进行，并在规定的路段上进行。试车前，应仔细检查方向、前桥、制动及灯光等安全部件装配是否符合要求，以确保试车安全。

⑤ 在操作旋转物体时，不要戴手套。

(3) 化工用品伤害防范　汽车内使用的各种化工用品往往会产生有害的气体或对人体造成伤害，例如：

① 防冻液。防冻液的主要成分是有毒的乙二醇。

② 电解液。电解液是由硫酸和水组成的，硫酸具有强烈的腐蚀性。

③ 苯。苯是燃油类、油漆等有机溶剂的成分之一，会造成人体神经等器官的伤害，甚至致癌。

④ 石油产品。燃油及废、旧机油等都含有对人体有害的物质，长期接触会导致癌变或中毒。这些液体若被误食、吸入、溅入眼睛、接触皮肤，均会造成人身伤害。化工用品伤害

防范措施：在使用化工用品时，要戴好各类防护用品，包括防毒面具、防护眼镜和防护手套等。当这些化工用品被误食、吸入、溅入眼睛、接触皮肤，应立即用清水冲洗再就医。

4. 实训室纪律和卫生要求

（1）严格遵守学校和班级纪律管理规定。
（2）不得在实训室追逐打闹。
（3）不得随意调换座位。
（4）不允许玩手机。
（5）不得随意摆弄实训工具和设备。
（6）参照班级卫生管理规定，分组打扫。

5. 汽车拆装和检修安全操作规程

（1）学生必须在老师带领下有秩序地进入实操场地，不得在无老师带领下擅自进入；实操时一定要衣冠整齐，袖领扣必须扣好，严禁穿拖鞋。进入实训场地后，应服从老师安排，严禁擅自动用总闸和用电设备。
（2）要清楚灭火器的摆放位置以及使用方法。
（3）实训时专心听讲，认真观摩老师示范，积极主动参加训练，操作时思想要集中，不干与实训无关的事情。
（4）实训场地的设备、机具未经老师指导，不准盲目乱动。
（5）必须在老师指导下搞清楚实训步骤、方法和要求，正确选择、使用工量具，不能盲目拆装，以免造成机件损坏。
（6）拆下的零部件要摆放有序，要注意安全，以防砸伤人及机件。如实训过程遇到意外事故，应立即报告任课老师。
（7）发动机组装完毕，进行全面检查，确保安全后，经任课老师同意方能起动试车。
（8）如在实训中发现故障，应立即停止操作，并报告任课老师，待查明原因，排除故障，不得擅自处理。
（9）清洁用的棉纱、汽油等应及时妥善处理，以防火灾。
（10）实行文明操作，做到"工具、零件、油类"三不落。
（11）防止化学物品对我们的身体和眼睛造成伤害。
（12）利用压缩空气作业时，不要将压缩空气对着自己或别人，不要对着地面或设备、车辆乱吹。
（13）举升机作业时，车辆停放稳固，防止倾翻侧倒，升举时严禁车下站人，保险良好有效。
（14）实训结束时，应切断电源或总电源，清理安放好所使用的工量具，并做好实训的清洁卫生工作。

任务 1.2　拆装工具与设备使用

学习任务描述

汽车维修生产作业中，安全问题至关重要，由于车间里的设备和工具都有相应的安全操作规范，在使用过程中，如果不按规范正确操作，有可能带来非常严重的后果，汽车维修从业人员必须掌握常见汽车拆装工具的使用。

一、任务导入

完成本学习任务后，应当能：
(1) 熟悉汽车维修中常用工具、常用量具及工程设备的名称和规格；
(2) 掌握汽车维修过程中工具和量具的正确选用方法；
(3) 了解汽车维修中工具的维护和保养方法。
建议完成本学习任务为 2 学时。

二、信息资讯

汽车在拆装和维修过程中，需大量使用各种各样的维修工具和专用工具，其中手动工具使用频率特别高。而手动工具可分为七大类，即
(1) 扭转旋具类。
(2) 钳子和夹紧类。
(3) 錾削、击打和切割类。
(4) 锯削和锉削类。
(5) 钻削和铰削类。
(6) 攻螺纹和套螺纹类。
(7) 磨削和推拉类。

手动工具一般存放在工具箱中保存，如扳手、螺钉旋具、钳子、锤子、冲子等工具使用完以后必须保管于工具箱中，保持工具清洁，并分类放置，以方便以后使用。

1. 操作维修工具时的注意事项

在工作场所中造成安全事故的原因一般有两种，即不安全的操作和不安全的工作环境。

(1) 不安全的操作主要包括以下几方面：
① 在靠近滑轮、传动带及电风扇的地方工作时，穿宽松的衣服，容易刮伤。
② 把维修工具和设备随意放在过道上或过道边。
③ 工作时打闹或开玩笑。
④ 没有穿专用的防护服和鞋子。
⑤ 操作工具过急、过猛。
⑥ 工作之前没有把手上的油脂洗干净。

⑦ 没有按照安全操作规程操作工具和设备。
⑧ 留有长发时，没戴帽子或网罩。
⑨ 使用电动工具或使用錾子时，没有戴护目镜。
⑩ 工作时戴戒指、项链，焊接时不戴面罩。
⑪ 工具用完后，没有整理、清洗。
⑫ 在车间里面吸烟。

（2）不安全的工作环境主要包括以下几方面：
① 在较暗的工作环境下工作。
② 没有立即把流出来的油液擦干净或在车间中存在易燃易爆物品。
③ 操作没有安全保护的机器。
④ 工作噪声过大。
⑤ 装备的安全条件差。
⑥ 通风条件差，不能很好地排除废气。

2. 扳手类工具

（1）开口扳手（如图1-1所示） 最常见的一种扳手，又称呆扳手，一端或两端制有固定尺寸的开口，用以拧转一定尺寸的螺母或螺栓。

开口扳手多用于拧紧或拧松标准规格的螺栓或螺母，可以从上、下套入螺母或横向插入，使用方便，不可用于拧紧力矩较大的螺栓或螺母。

（2）梅花扳手（如图1-2所示） 两端具有带六角孔或十二角孔的工作端，适用于工作空间狭小，不能使用普通扳手的场合。

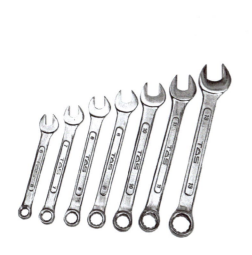

图1-1　开口扳手

图1-2　梅花扳手

其两端是套筒，套筒内孔是由2个相互同心的正六边形错开30°组合而成。使用时，梅花扳手扳动30°后，可更换位置，将螺栓和螺母的头部全部围住，不易脱落，操作安全可靠。与开口扳手相比，其拧紧或者拧松的力矩较大。

（3）套筒扳手（如图1-3所示） 它是由多个带六角孔或十二角孔的套筒并配有手柄、接杆等多种附件组成，特别适用于拧转位置十分狭小或凹陷很深处的螺栓或螺母。

套筒呈短管状，使用时套在螺母上，它和一个可拆卸的手柄一起使用。套筒的一端呈六角形状，用来套螺栓头，另一端呈正方形，主要用来与拆卸手柄配合。

（4）活动扳手（如图1-4所示） 开口宽度可在一定尺寸范围内进行调节，能拧转不同规格的螺栓或螺母，特别是用于不规则的螺栓和螺母时，更能发挥作用。只能在开口紧固好以后才能使用，可用于拧紧力矩较大的螺栓和螺母。

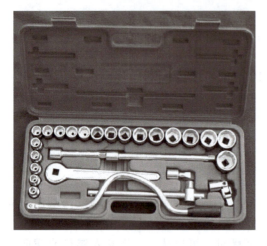

图1-3 套筒扳手

图1-4 活动扳手

（5）扭力扳手（如图1-5所示） 它在拧转螺栓或螺母时，能显示出所施加的扭矩；或者当施加的扭矩到达规定值后，会发出光或声响信号。

汽车维修中常用的扭力扳手一般为30kgf·m的规格，1kgf=9.8N。

扭力扳手可分为指针式扭力扳手和定扭力扳手两种。指针式扭力扳手可以把施力矩用读数显示出来，定扭力扳手可以根据扭力需要预先设置力矩，当所施力矩超过设置力矩时，会发出"啪"的响声，如继续施力则自动打滑。

扭力扳手用于拧紧有力矩要求的螺栓或螺母。对一些重要的螺栓或螺母，生产厂家详细规定了力矩值，在拧紧时，需用扭力扳手来达到所需力矩值或校验力矩值。

（6）内六角扳手（如图1-6所示） 成L形的六角棒状扳手，专用于拧转内六角螺钉。规格以六角形对边尺寸表示。

图1-5 扭力扳手

图1-6 内六角扳手

三、任务实施

任务　汽车拆装应遵循的原则及注意事项

汽车的技术状况与拆装的质量有很大的关系。由于装配不良，往往使零件与零件之间不能保持正确的位置及配合关系；因为拆卸不当，造成零件不应有的缺陷，甚至损坏。这样不仅浪费维修工时，而且直接影响到维修质量、成本以及汽车的使用寿命。

1. 拆卸与装配

拆卸的目的是为了检查和修理汽车的零部件，以便对需要维修、保养的汽车总成进行保养，或对有缺陷的零件进行修复或更换，使配合关系失常的零件经过维修调整达到规定的技术标准。拆卸应遵循以下原则：

（1）掌握汽车的构造及工作原理　若不了解汽车的结构和特点，拆卸时不按规定任意拆卸、敲击或撬打，均会造成零件的变形或损坏。因此，必须了解汽车的构造和工作原理，这是确保正确拆卸的前提。

（2）按需要进行拆卸　零部件经过拆卸，容易产生变形和损坏，特别是过盈配合件更是如此。不必要的拆卸不仅会降低汽车的使用寿命，而且会增加维修成本、延长维修工期。因此，应防止盲目大拆大卸。不拆卸检查就可以判定零件的技术状况时，则尽量不予拆卸，以免损坏零件。

（3）掌握正确的拆卸方法

① 使用相应的工具和设备。为提高拆卸功效，减少零部件的损伤和变形，应使用相应的专用工具和设备，严禁任意敲击和撬打。如在拆卸过盈配合件时，尽量使用压力机和顶拔器；拆卸螺栓连接件时，要选用适当的工具，依螺栓紧固的力矩大小优先选用套筒扳手、梅花扳手和固定扳手，尽量避免使用活动扳手和手钳；防止损坏螺栓的六角棱边，给下次的拆卸带来不必要的麻烦。另外，应充分利用汽车大修配备的拆卸专用工具。

② 由表及里按顺序逐级拆卸。一般先拆车厢、外部线路、管路及附件等，然后按"机器→总成→部件→组合件→零件"的顺序进行拆卸。

（4）拆卸时应考虑装配过程，做好装配准备工作

① 拆卸时要注意检查校对装配标记。为了保证一些组合件的装配关系，在拆卸时应对原有的记号加以校对和辨认，没有记号或标记不清的应重新做好标记。有的组合件是分组选配的配合副，或是在装合后加工的不可互换的，如轴承盖、连杆盖等，它们都是与相应合件一起加工的，均为不可互换的组合件，必须做好装配标记，否则将会破坏它们的装配关系甚至动平衡。

② 按分类、顺序摆放零件。为了便于清洗、检查应按不同的要求分类顺序摆放，否则，零件胡乱堆放在一起，不仅容易相互撞伤，而且会在装配时造成错装或找不到零件的麻烦。为此，应按零件的大小和精度归类存放，同一总成、部件的零件应集中在一起放置，不可互换的零件应对应放置，易变形、丢失的零件应专门放置。

（5）拆卸和装配作业注意事项

① 当需要顶起汽车的前端或后端时，应在车轮处正确地安放楔块。当顶起汽车时，举升器的垫座或千斤顶的支点要对准车体上的安全支撑点。

② 在进行任何电气系统的拆装、发动机的移动作业之前，要拆除蓄电池的负极接线。

③ 每次拆卸零件时，应观察零件的装配状况，看是否有变形、损坏、磨损或划痕等现象，为修理提供依据。

④ 对于结构复杂的组件和总成，以及初次拆卸的零件，要在适当非工作面上打上记号，以便组装时将其安装到原来的位置上。

⑤ 对于较高配合要求的零件，如主轴承盖、连杆轴承盖、气门、柴油机的高压油泵柱塞等，必须做好记号。组装时，按记号装回原位，不能互换。

⑥ 零件装配时，必须符合原车技术要求，包括规定的间隙、紧固力矩等。

⑦ 组装时，必须做好清洁工作，尤其是重要的配合表面、油道等，要用压缩空气吹净。

⑧ 为了提高工作效率和保证精度质量，要尽可能使用专业维修工具，操作时禁止吸烟，远离火源。

2. 常见连接件的拆卸

汽车上零部件之间的连接形式有多种，主要有螺纹连接、过盈配合连接、键连接、铆钉连接、焊接、粘接及卡扣连接等。这里主要介绍应用非常广泛的螺纹连接、过盈配合连接和卡扣连接的拆卸与装配。

（1）螺纹连接的拆卸　螺纹连接的零件有螺栓、螺柱、紧固螺柱、螺母、垫圈及防松零件（如开口销、止动垫片等）。连接的主要类型有螺栓连接、双头螺柱连接及紧固螺栓连接等。

拆装螺纹连接使用的工具有手动和机动两种。手动工具主要有固定扳手（梅花）、活动扳手、套筒扳手、螺栓旋具等。拆装工具的选用，应根据螺母、螺栓的尺寸，拧紧力矩及所在部位的回转空间等具体条件来选择。一般情况下，为了避免损坏螺栓、螺母的棱角，缩短作业时间，减轻劳动强度，能用固定扳手的不用活动扳手；能用梅花扳手的不用呆扳手；能用套筒扳手的不用固定扳手。

（2）螺纹连接件拆装的技术要领及注意事项

① 用扳手拆装螺栓或螺母时，扳手的开口尺寸必须适合螺栓头部或螺母的六方尺寸，不得放松。旋转时，扳手开口与六方表面应尽量靠合。操作空间允许时，要用一只手握住扳手开口处，避免扳手因用力过大脱出。使用螺栓旋具拆装开槽螺栓时，刀头与槽口的尺寸必须合适；无论拧紧还是旋松螺栓，均要用力将螺栓旋具顶住螺栓，避免损坏螺栓槽口，造成拆装困难。

② 在向螺栓上拧紧螺母或向螺孔内拧紧螺栓（钉）时，一般先用手旋进一定距离，这样既可感觉螺纹配合是否合适，又可提高工作效率。在旋进螺母（栓）两圈后，如果感觉阻力很大，则应拆下检查原因：有时是因螺纹生锈或夹有铁屑等杂物造成的，清洗后涂少许机油（全损耗系统用油）即可解决；有时是因为螺纹乱牙造成的，可用板牙或丝锥修整一下；有时是因粗、细螺纹不相配造成的，应重新选配。

任务工作单

项目	规范及基础能力训练				
任务	汽车拆装安全规范、拆装工具与设备使用			姓名	
班级		组号		日期	
任务目的	掌握实操纪律及要求				
	掌握实操安全操作程序				

续表

资讯	1. 实训室实操纪律及要求 2. 实操安全操作程序 3. 设备使用规范
工作 任务	1. 实操遵守安全操作程序 2. 选用合理的工具和设备 3. 采用规范的实操动作和步骤
分析 计划	根据工作任务,确定所需工具、设备等,并制订小组工作计划: 1. 讨论确定所需仪器、工具及辅助资料 2. 团队协作,组织及人员分工 3. 掌握实操安全操作程序 4. 操作安全、规范注意事项及技术标准
实施	1. 依照制订的拆装步骤完成各作业项目,并观察各部件,描述其名称,能认识的部件打"√",不能认识的部件打"×",同时指出该部件所属系统或机构 2. 拆卸过程中明确技术标准,仔细观察各零部件的型号及其螺栓扭力大小 3. 按正确顺序和技术标准完成装配任务 请依照以上要求完成下表: | 序号	部件名称	所属机构	认识	考核
---	---	---	---	---
1				
2				
3				
4				
5				
6					
分析 计划	自评项根据自己对任务的完成情况进行评估并提出改进意见;互评项由组内组外互相交流和评分;教师评估可纳入任务实施过程中或对照上表随机选取几个项目评估。总评采用合格和不合格两级评价。 	序号	评估项目	自评	教师评估
---	---	---	---
1	实操安全操作程序		
2	选用正确工具和设备		
3	采用规范的实操动作和步骤		
4	实训室卫生达标		
5	总评			 任务实施心得:

知识拓展　常见世达汽车维修工具组套

09916 98件汽修工具托组套

- 95107 七抽屉带轮工具车
- 09903 27件 1/2″套筒组套
- 09906 30件两用扳手、内六角组套
- 09908 19件两用快扳组套
- 0991 14件卡簧钳组套
- 0991 24件钳子组套
- 09913 13件螺丝批组套

09918 246件综合工具托组套

- 95107 七抽屉带轮工具车
- 09901 66件 6.3mm(1/4″)套筒组套
- 09902 33件 10mm(3/8″)套筒组套
- 09904 10件双开口扳手、两用扳手组套
- 09905 10件双梅花扳手
- 09906 30件两用扳手、内六角组套
- 0990 95件活动扳手、大力钳、尖嘴钳组套
- 0991 08件键刀组套
- 0991 14件卡簧钳组套
- 0991 24件钳子组套
- 09913 13件螺丝批组套
- 09914 36件风动套筒组套
- 09915 26件 1/2″套筒组套

续表

090014 120件公英制综合组套	
	• 7件12.5mm系列6角套筒
	• 11件10mm系列6角套筒
	• 8件10mm系列6角花形套筒
	• 4件12.5mm系列6角英制套筒
	• 4件12.5mm系列6角风动套筒
	• 7件6.3mm系列中孔花形旋具头
	• 4件10mm系列6角长套筒
	• 9件10mm系列6角英制套筒
	• 17件10mm系列旋具套筒花形
	  六角(3mm,4mm,5mm,6mm)
	  十字形(♯1,♯2)×2
	  一字形(5.5mm,6.5mm)
	• 4件6.3mm系列6角长套筒
	• 10件6.3mm系列6角英制套筒
	• 10件6.3mm系列6角套筒
	• 3件万向接头
	• 1件6.3mm系列旋具头接头
	• 1件6.3mm系列旋柄
	• 2件10mm系列火花塞套筒
	• 10件全抛光两用扳手
	• 5件转向接杆
	• 3件专业快速脱落棘轮扳手

项目二

汽油发动机检修与拆装

任务 2.1　机体组检修与拆装

 学习任务描述

车辆排气管冒蓝烟,并且伴随有急促而短暂的金属敲击声,动力明显不足,并且机油消耗量很大,需对机体组进行检测,确定故障部位,并对其进行维修或更换。

机体组是曲柄连杆机构的主体部分,同时也是发动机的最基础部分,其工作状态直接影响到整台发动机的正常运转。所以在曲柄连杆机构的维修工作中,机体组的检测与维修工作是必不可少的。

 一、任务导入

完成本学习任务后,应当能:
(1) 通过拆解机体组掌握各零部件组成、功能及工作原理;
(2) 测量机体组并根据测量结果作出维修计划;
(3) 分析机体组的典型故障原因。
建议完成本学习任务为 14 学时。

 二、信息资讯

1. 机体组的组成

现代汽车发动机的机体组主要由气缸体、气缸盖、气缸垫、油底壳、气缸盖罩等零件组成,如图 2-1 所示。机体组是发动机的支架,是曲柄连杆机构、配气机构和发动机各系统零部件的装配基础。

2. 缸体的作用

水冷式发动机的气缸体和曲轴箱铸成一体,称为缸体。气缸体上半部有若干个为活塞在

项目二　汽油发动机检修与拆装

(a) 气缸盖罩　　　　　　　　(b) 气缸盖、气缸垫

(c) 气缸体

(d) 油底壳

图 2-1　机体组

其中做运动导向的圆柱形空腔，称为气缸。下半部为支承曲轴的曲轴箱，其内腔为曲轴运动空间。气缸体是发动机各个机构和系统的装配基体。它承受高温高压气体作用力，活塞在其中做高速往复运动。如图 2-2 所示气缸体和气缸盖配合形成密封的空间，如果两者结合面不平会造成漏气。

3. 气缸体的分类

（1）按数目不同分为：单缸机、多缸机，如图 2-3 所示。

图 2-2　缸体

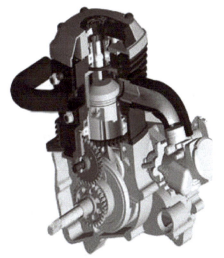

(a) 单缸机

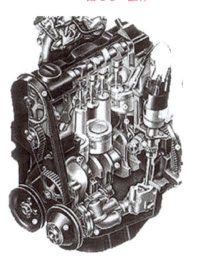

(b) 多缸机

图 2-3　气缸数目不同

（2）按排列形式不同分为：直列排列、V形排列、W形排列、两边对置，如图2-4所示。

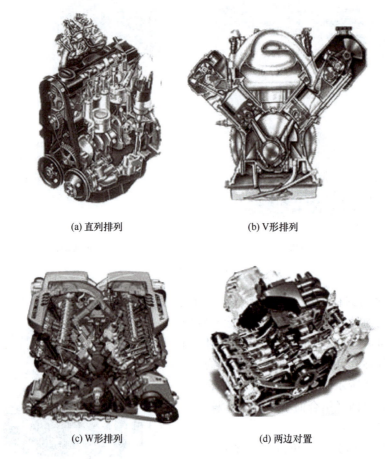

(a) 直列排列　　　　　　　(b) V形排列

(c) W形排列　　　　　　　(d) 两边对置

图 2-4　排列形式不同

4．故障与排除

气缸体在使用过程中易出现故障，请运用所学知识，分析气缸体典型故障的原因并能列出排除故障的方法。参见表2-1。

表 2-1　故障与排除

故障		排除方法
气缸体变形	发动机漏水	刮刀刮平，粗锉刀等修平
	发动机漏气	用磨床、铣床加工
	冲坏气缸衬垫	用磨床、铣床加工或更换
气缸磨损	上部活塞环与气缸壁之间压力较大	镗缸或更换
	发动机上部工作温度较高	镗缸或更换
	润滑不良	更换机油
	空气带入的磨料较多	更换空气滤清器
	气缸内可燃混合气燃烧后，产生水蒸气和酸性氧化物，它们溶于水而生成矿物酸，对气缸表面产生腐蚀作用	镗缸或更换

三、任务实施

任务　检测气缸体裂纹、气缸体变形、气缸磨损

1. 技术标准与要求

（1）气缸体裂纹宽度最大不超过 0.5mm 或火花塞螺孔的裂纹不超过第一圈螺纹范围。标准查看具体车型的维修手册。

（2）气缸体上平面最大加工量为 0.10mm。标准查看具体车型的维修手册。

（3）气缸每级修理尺寸为：标准尺寸＋0.25mm。标准查看具体车型的维修手册。

2. 实训器材

气缸体、水压试验的水密器、刀口形直尺、塞尺、量缸表、百分表、游标卡尺、台虎钳等。

3. 操作步骤

第一步　事前准备

了解相应车型维修手册中气缸体、气缸体平面、气缸的技术标准和要求，准备拆卸气缸体。气缸盖螺栓的拆卸顺序如图 2-5 所示。

第二步　检测气缸体变形、气缸磨损

（1）平面翘曲变形检测　发动机在运行或拆装过程中，由于各种不正常的因素导致气缸体的平面发生翘曲。当气缸体平面变形大于技术要求时有可能出现漏气，发动机无法正常工作。检测前必须清洁气缸体和气缸盖的平面，否则会影响检测质量。测量方法和位置如图 2-6、图 2-7 所示。

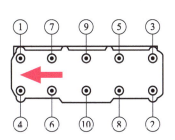

图 2-5　气缸盖螺栓的拆卸顺序

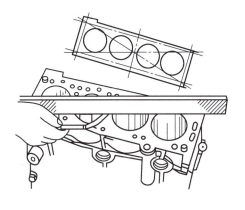

图 2-6　测量气缸体平面度

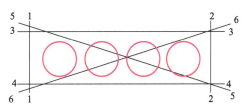

图 2-7　气缸体平面变形检测顺序

在平面上任意位置测量，每（50×50）mm² 范围内平面度误差应不大于 0.5mm。全长≤600mm 的缸体平面，平面度误差不应大于 0.15mm；全长≥600mm 的铸铁缸体，平面度误差应不大于 0.25mm，铝合金缸体平面度误差应不大于 0.15mm。

当检测气缸体或气缸盖的平面度超过技术要

求时需要更换,所以确定能否修复要符合维修手册的规定。

① 查询维修手册,将查到的数据填入表 2-2。

表 2-2 标准数据

发动机型号		代表车型	
气缸形式		排量	
气缸体材料		平面度误差极限值	

② 实施计划并完成表 2-3 的填写。

表 2-3 计划实施记录表

项目	位置1 /mm	位置2 /mm	位置3 /mm	位置4 /mm	位置5 /mm	位置6 /mm
气缸体上平面						

③ 根据发动机型号,查阅维修手册,制订气缸体和气缸盖平面的修复计划。填入表 2-4。

表 2-4 计划实施记录表

发动机型号	气缸体平面变形技术要求/mm	气缸体允许修复量/mm	发动机气缸排列形式		
			直列	V形	对置
更换	修复	继续使用	气缸体材料		
			铸铁		
			铝合金		

(2) 气缸磨损的检测 按被测气缸的标准尺寸,选择合适的接杆,装上后,暂不拧紧固定螺母,把外径千分尺调到被测气缸的标准尺寸,将装好的量缸表放入千分尺。稍微旋动接杆,使表针摆动 2mm,转动表盘,对准 0 刻度。为使测量准确,可重复校准。最后拧紧固定螺母。如图 2-8 所示。

也可用游标卡尺测量气缸最小直径的方法得到标准缸径,但无特殊情况不推荐此方法。如图 2-9 所示。

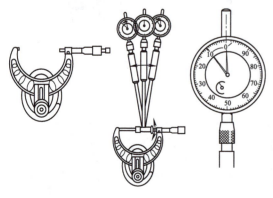

图 2-8 校正量缸表

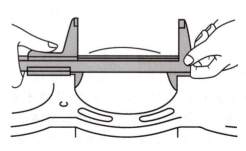

图 2-9 使用游标卡尺测量标准气缸直径

① 查询维修手册,将标准数据填入表 2-5。

表 2-5 标准数据

发动机型号:		代表车型:		
标准缸径	最大磨损量	圆度误差	圆柱度误差	各缸径最大差值

② 读数方法。百分表表盘刻度为 100,指针在圆表盘上转动一格为 0.01mm,转动一圈为 1mm;小指针移动一格为 1mm。

测量时,当表针顺时针方向离开"0"位,表示缸径小于尺寸的缸径,它是标准缸径与表针离开"0"位格数的差;若表针逆时针方向离开"0"位,表示缸径大于标准尺寸的缸径,它是标准缸径与表针离开"0"位格数之和。若测量时,小针移动超过 1mm,则应在实际测量值中加上或减去 1mm。如图 2-10 所示。

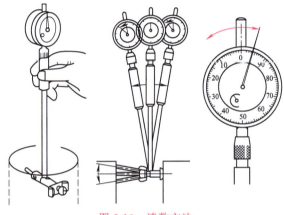

图 2-10 读数方法

③ 气缸圆度的测量。测量的部位应选在活塞环的工作区域内,取上、中、下三个截面。在每个截面上沿发动机的前后方向和左右方向分别测量出气缸的直径。为了保证测量的精确性,测量时量缸表的测杆与气缸的轴线应保持垂直。计算时每个截面上所测得的两直径之差的一半即为该截面的圆度误差。对三个截面所测得的圆度误差进行比较,取最大值作为被测气缸的圆度误差。如图 2-11 所示。

圆度=(同一截面上的最大直径-最小直径)/2

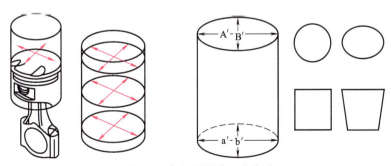

图 2-11 气缸测量位置和方法

④ 注意事项。测量完一个截面以后,不能直接拉动量缸表到新的测量位置,应倾斜量

缸表到新的位置，以防损坏气缸壁和量缸表。

⑤ 修理尺寸。当发动机的圆度误差和圆柱度误差有一项超过厂家要求的标准，必须进行镗缸修理或更换气缸套。

气缸的修理尺寸以标准尺寸每增加 0.25mm 为一级，一般可增加三级，分别为 +0.25mm、+0.5mm、+0.75mm。

有些车型没有修理尺寸，需要更换气缸套进行修复。

⑥ 实施计划并完成表 2-6 的填写。

表 2-6　计划实施记录表

车型：		机型：		标准缸径：			
截面	气缸		一缸	二缸	三缸	四缸
上截面	轴向方向直径					
	推力方向直径					
	磨损量					
	圆度					
中截面	轴向方向直径					
	推力方向直径					
	磨损量					
	圆度					
下截面	轴向方向直径					
	推力方向直径					
	磨损量					
	圆度					
圆柱度						

⑦ 根据测量结果制定修复计划并完成表 2-7。

表 2-7　修复计划表

发动机型号：		代表车型：		标准缸径：	
实际最大磨损量		实际圆度		实际圆柱度	
极限最大磨损量		极限圆度		极限圆柱度	
处理办法：		继续使用　　加大尺寸（　　）　　更换缸套			

第三步　安装气缸盖

气缸盖螺栓的安装顺序如图 2-12 所示。

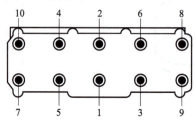

图 2-12　气缸盖螺栓的安装顺序

任务工作单

项目	机体组检修与拆装				
任务	拆装机体组,检测零部件			姓名	
班级		组号		日期	
任务目的	通过拆解机体组掌握各零部件组成、功能及工作原理 能够测量机体组并根据测量结果作出维修计划				
资讯	1. 机体组的组成 2. 缸体的作用 3. 气缸体的分类				
工作任务	1. 检测气缸体裂纹 2. 检测气缸体变形 3. 检测气缸磨损				
分析计划	根据工作任务,确定所需工具、设备等,并制订小组工作计划: 1. 讨论确定所需仪器、工具及辅助资料 2. 团队协作,组织及人员分工 3. 明确拆装检修气缸体的步骤及要求 4. 操作安全、规范注意事项及技术标准				
实施	1. 依照制订的拆装步骤完成各作业项目,并观察各部件,描述其名称,能认识的部件打"√",不能认识的打"×",同时指出该部件所属系统或机构 2. 拆卸过程中明确技术标准,仔细观察各零部件的型号及其螺栓扭力大小 3. 按正确顺序和技术标准完成装配任务 请依照以上要求完成下表:				
	序号	部件名称	所属机构	认识	考核
	1				
	2				
	3				
	4				
	5				
	6				
分析计划	自评项根据自己对任务的完成情况进行评估并提出改进意见;教师评估可纳入任务实施过程中或对照上表随机选取几个项目评估。总评采用合格和不合格两级评价。				
	序号	评估项目	自评	教师评估	
	1	工具的选择和使用			
	2	机体组的组成及部件认识			
	3	机体组的拆装任务及技能			
	4	安全操作规范			
	5	总评			
	任务实施心得:				

四、知识考核

1. 说出图 2-13 所示是什么铸造材料的气缸体。

图 2-13　气缸体材料

2. 说出图 2-14 所示气缸是什么排列形式。

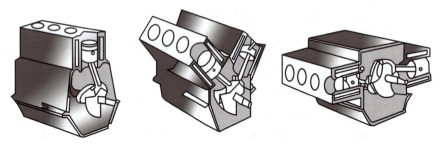

图 2-14　气缸排列形式

任务 2.2　活塞连杆组检修与拆装

学习任务描述

活塞连杆组是实现热功转换的重要组成部分。活塞连杆组的工作是否正常将直接影响发动机的性能。活塞连杆组部件出现故障，将导致发动机功率下降、排放恶化、油耗增加、产生异响、磨损加剧等现象，甚至使发动机不能运转。为了能够对活塞连杆组部件进行检修、排除故障，需要掌握活塞连杆组的构造及主要部件的检修方法。

在发动机工作中，活塞连杆组主要与机体组和曲轴飞轮组配合工作，同时也承受了异常苛刻的工作压力。所以在发动机修理中，活塞连杆组的检修是十分重要的工作。

一、任务导入

完成本学习任务后，应当能：
(1) 了解活塞连杆组组成、原理及特点；
(2) 了解活塞连杆组常见损伤及原因分析；
(3) 掌握活塞、活塞环等项目的测量和计算；
(4) 掌握活塞连杆组的拆装及工具使用。
建议完成本学习任务为 14 学时。

二、信息资讯

1. 活塞连杆组组成及功用

活塞连杆组功用是与气缸盖、气缸壁等共同组成燃烧室；承受气体压力，并将此力传给连杆，以推动曲轴旋转。活塞连杆组主要由活塞、活塞环、活塞销、连杆及连杆轴承等组成。填写图 2-15 中的方框。

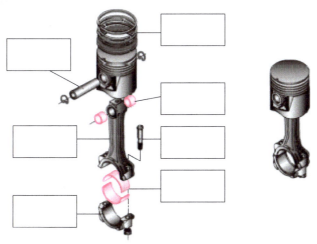

图 2-15　活塞连杆

2. 从机体中拆下活塞连杆组

将要拆卸的活塞连杆旋转到下止点位置，检查连杆是否有明显弯曲现象，检查活塞连杆组的序号是否与气缸体上的序号一致，如图2-16所示。用抹布清洁气缸，检查有无缸肩，如有应先清除。

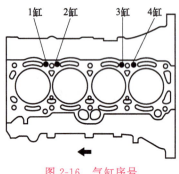

图2-16　气缸序号

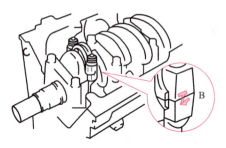

图2-17　连杆盖标记
A—应指向皮带轮侧；B—气缸记号

检查或设置装配标记，如果无原车标记，用记号笔在连杆和连杆轴承盖上做记号。如图2-17所示。用扭力扳手和套筒分2次旋松连杆螺母，之后用手拧下螺母。

用橡胶锤轻敲连杆螺栓，取出连杆盖（注意连杆轴承不要掉落），同时取下下盖上的连杆轴承，如图2-18所示。

套上连杆螺栓保护套，如图2-19所示。用榔头柄在合适的位置推出连杆活塞组（用左手在缸体上平面处扶持住）。

取下连杆螺栓上的护套，取下连杆和连杆轴承盖上的连杆轴承，装好并按气缸顺序摆放。

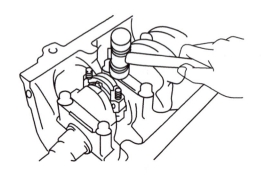

图2-18　拆卸连杆盖

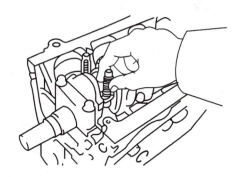

图2-19　套上连杆螺栓保护套

3. 分解活塞连杆组

使用活塞环扩张器拆下两道压缩环，如图2-20所示。用手拆下组合油环，用铲刀清理活塞顶面积碳。

用卡簧钳取出活塞销卡簧，将活塞加热至60℃以上，用拇指压出活塞销，或用专用冲头将其冲出。如图2-21所示。

用抹布清洁活塞连杆、活塞环、连杆轴承（两片，并注意原来的安装位置摆放）、连杆轴承盖、连杆螺母等。

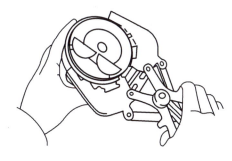

图 2-20 活塞环扩张器和拆卸活塞环

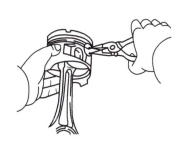
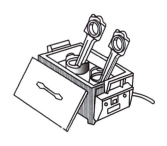

图 2-21 拆卸和加热活塞销

4. 目视检查

活塞有无损伤；连杆轴承无麻点、划痕和损伤；活塞销状况。

5. 故障与排除

活塞连杆组在使用过程中易出现故障，请运用所学知识，分析活塞连杆组典型故障的原因并能列出排除故障的方法。参见表2-8。

表 2-8 故障与排除

故障	排除方法	
活塞损坏	活塞破损、气门间隙过小、气门弹簧折断等原因造成活塞与气门相撞	若发现有裂纹或孔洞,必须更换新件
	活塞烧蚀	严重时必须更换
	活塞环槽的磨损,第一道活塞环槽磨损最严重	磨损到极限时,和活塞环一起更换
	活塞刮伤	用细纱布研磨或更换
活塞环的损坏	弹力减弱	更换新件
	活塞环外径的磨损	更换新件

三、任务实施

任务 检测活塞、活塞环

1. 技术标准与要求

（1）在选配的成套活塞中，尺寸差和质量差应符合要求：尺寸差为0.02～0.025mm，质量差为4~8g，销座孔的涂色标记应相同。

（2）与气缸、活塞的修理尺寸一致；具有规定的弹力以保证气缸的密封性；环的漏光度、开口间隙、侧隙、背隙应符合原厂设计规定。

2．实训器材

活塞、活塞环、外径千分尺、活塞环扩张器、塞尺、游标卡尺。

3．操作步骤

第一步　测量活塞组

活塞组主要由活塞、活塞环和活塞销组成，活塞环主要分为油环和气环。填写图2-22中的方框。

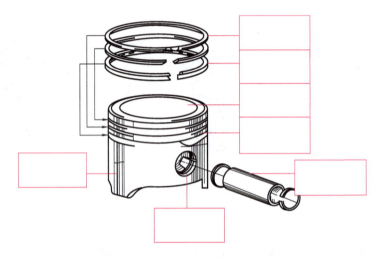

图2-22　活塞组

图2-23　活塞

（1）活塞的功能、组成及特点

① 活塞的功能及组成　活塞与气缸盖、气缸壁共同组成燃烧室，承受气体压力并将此力通过活塞销传给连杆，以推动曲轴旋转。活塞由活塞顶部、活塞裙部和活塞销孔三部分组成。如图2-23所示。

活塞的工作环境为300~400℃（最高瞬时温度可2000℃以上）的高温、4000kPa的高压、平均8~12m/s的速度，所以要求活塞具有强度高、质量小与热膨胀系数小、导热性能好，以满足活塞的正常工作。铝合金制成的活塞可以满足质量小、导热性好、强度高的要求，但热膨胀系数大，在制造时需要采取相应措施。

活塞顶部为配合燃烧室形状有平顶、凹顶、凸顶等，将各种活塞顶部特点填写在表2-9中。

活塞头部由于受热比裙部高，直径要比裙部小。为了保证温度低时不漏气，头部开有环槽用来安装活塞环，可以密封活塞头部与缸壁之间的间隙，活塞环槽分为油环槽和气环槽。气环槽一般为第1道和第2道，油环槽一般为第3道。填写图2-24中的方框。

项目二 汽油发动机检修与拆装

表 2-9 活塞顶部分类及特点

类型	特　点
平顶活塞	
凹顶活塞	
凸顶活塞	

图 2-24 活塞头部

活塞裙部指活塞环槽以下的部分，主要起导向、承受侧压力和传递气体作用力给连杆的作用，裙部直径比头部大，为使高温工作时不胀死，一般裙部具有一定的椭圆度。因为裙部区域加工有活塞销座孔，所以销座部分必须加厚。销座孔的两端有用于安装活塞销挡环的挡环槽。销座与顶部内壁之间还有加强筋。填写图 2-25 中的方框。

② 活塞的特点　活塞工作时的温度是从上到下越来越低，所以，将活塞制成上小下大的锥形或桶形的非正圆柱体，在正常工作温度时即可变成正圆柱体。如图 2-26 所示。

图 2-25 活塞裙部

(a) 正常工作温度时

(b) 制作形状

图 2-26 活塞的形状

(2) 查询维修手册,将查到的数据填入表 2-10。

表 2-10 标准数据

发动机型号		代表车型	
气缸形式		排量	
活塞尺寸		气缸尺寸	
活塞最大磨损量		最大油膜间隙	

(3) 测量活塞与缸筒油膜间隙　用外径千分尺测量活塞裙部的直径,用量缸表测出气缸直径,它们的差值即活塞油膜间隙。

检查活塞时,检测部位距离裙部下缘约 10mm,并与活塞销轴线成 90°,如图 2-27 所示。

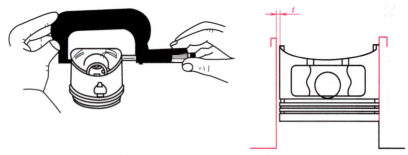

图 2-27　测量活塞与缸筒油膜间隙

(4) 实施计划并完成表 2-11 的填写

表 2-11　计划实施记录表

发动机型号			代表车型			
气缸形式			排量			
标准活塞尺寸		活塞极限值		油膜间隙极限值		
	一缸	二缸	三缸	四缸	五缸	六缸
实际活塞尺寸						
实际油膜间隙						
结果						
处理措施:						

第二步　测量活塞环

(1) 活塞环功能、特点及分类　活塞环分为气环和油环。气环的功用是密封活塞和气缸之间的间隙,防止漏气并将活塞头部热量传给气缸壁,帮助活塞散热。油环的作用是刮油,经活塞内腔流入曲轴箱,防止多余机油进入燃烧室,造成燃烧室积碳,同时使缸壁上机油分布均匀,提高活塞与缸壁的润滑条件。填写图 2-28 中的方框。

缸壁与气环槽之间可能产生漏气的地方有开口处、背隙、侧隙。

发动机工作时,活塞、活塞环等机件都会发生热膨胀。而活塞环在气缸、活塞环槽内的运动相对较为复杂,既要与活塞一起在气缸内作上下运动,径向胀缩,还要在环槽内作微量的圆周运动,保证气缸的密封性,并防止环卡死在缸内或胀死于环槽中。安装时,活塞环应留有侧隙、端隙和背隙。

填写图 2-29、图 2-30 中的方框。

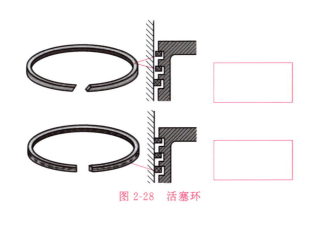

图 2-28 活塞环

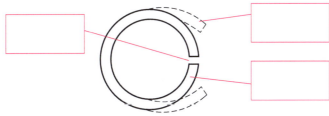

图 2-29 活塞环膨胀和端隙

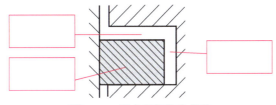

图 2-30 活塞环侧隙和背隙

① 测量活塞环与活塞的侧隙　侧隙是指活塞环装配后上平面与槽之间的间隙。侧隙过大，将影响活塞环的密封作用，过小则可能导致活塞环卡死。新装时侧隙为 0.03～0.10mm，极限间隙为 0.10mm。超过极限间隙时，应更换活塞环。如图 2-31 所示。

② 测量活塞环端隙　活塞环端隙是指活塞环装入气缸后开口处的间隙。它是防止活塞环受热膨胀而卡死在气缸里，端隙的大小与气缸直径有关。

检查方法：将活塞环平正地放入气缸，用一个活塞顶部将环推到环行程的底部，因为这里的磨损是最小的。然后取出活塞，用塞尺测量端口间隙。如间隙过大，则不能使用；如间隙过小，取出来可用细锉刀锉环口一端予以调整。其磨损极限为 0.5mm。如图 2-32 所示。

图 2-31 测量活塞环侧隙

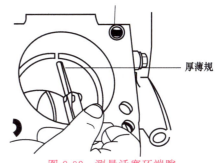

图 2-32 测量活塞环端隙

③ 测量活塞环与活塞背隙　背隙是指活塞与活塞环装入气缸后，活塞环内圆柱面与活塞槽底间的间隙。常以环槽深度与活塞环宽度之差来表示，一般为 0.35mm。如背隙过小，会使活塞环在气缸中卡死，这时需更换活塞或活塞环。

（2）查询维修手册，将查到的数据填入表 2-12。

表 2-12　标准数据

发动机型号			代表车型	
气缸形式			排量	
侧隙	气环		油环	
	标准	极限	标准	极限
端隙	气环		油环	
	标准	极限	标准	极限
背隙	气环		油环	
	标准	极限	标准	极限

（3）实施计划并完成表 2-13 的填写

表 2-13　计划实施记录表

气缸＼背隙	第一道气环	第二道气环	油环刮片
一缸			
二缸			
三缸			
四缸			
五缸			
六缸			
标准			
极限			
处理措施			

（4）气环

① 气环的种类　见表 2-14。

表 2-14　气环的种类及特点

图例	名称	特点
	矩形环	结构简单，导热性好。磨合性差，泵油严重
	微锥面环	利于磨合、密封，下行刮油，上行成油膜，减小磨损。导热性差，不适合做第一道环。安装时注意方向

续表

图例	名称	特点
	上侧内切扭曲环	兼顾微锥面环和矩形环的优点,可避免泵油现象,减轻环的上下窜动对环槽的冲击及磨损等。安装时注意方向
	下侧内切扭曲环	
	梯形环	抗结胶性好,不易卡环、断环,多用于柴油机第一道环
	桶面环	易磨合,密封性好,润滑性好,对气缸表面及活塞的摆动适应性强,多用于第一道环

② 气环的泵油现象 气环随活塞作往复运动时,会把气缸壁上的机油不断送入气缸中,这种现象称为气环的泵油。如图2-33所示。

(5) 油环 油环种类见表2-15。

第三步 组装活塞连杆组

组装注意事项:

① 活塞环开口错开120°,如图2-34所示;

② 活塞环标记"TOP"朝向活塞顶部;

③ 注意活塞所属气缸;

④ 活塞头部上的箭头指向皮带轮侧;

⑤ 使用活塞环加紧箍,如图2-35所示;

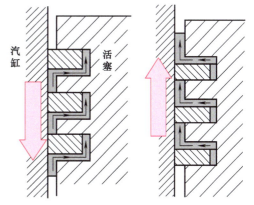

图 2-33 气环的泵油原理

表 2-15 油环的种类

图例	名称	特点
	整体式	在环外圆柱面加工出环形集油凹槽,形成上下两道刮油唇
	组合式	刮油效果好,两个刮片分别动作,对气缸适应性好,防止窜机油

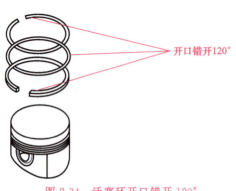

图 2-34 活塞环开口错开120°

图 2-35 活塞环加紧箍

⑥ 安装活塞销时加热活塞至 60℃;
⑦ 注意连杆所属气缸和方向;
⑧ 注意连杆螺栓拧紧力矩。

任务工作单

项目	活塞连杆组检修与拆装			
任务	拆装活塞连杆组,检测零部件		姓名	
班级		组号	日期	
任务目的	通过拆装活塞连杆组掌握各零部件组成、原理及特点、工具使用			
	能够测量活塞、活塞环等项目和计算			
资讯	1. 活塞连杆组组成及功用 2. 从机体中拆下活塞连杆组 3. 分解活塞连杆组 4. 目视检查			
工作任务	1. 检测活塞 2. 检测活塞环			
分析计划	根据工作任务,确定所需工具、设备等,并制订小组工作计划: 1. 讨论确定所需仪器、工具及辅助资料 2. 团队协作,组织及人员分工 3. 明确拆装检修活塞连杆组的步骤及要求 4. 操作安全、规范注意事项及技术标准			
实施	1. 依照制订的拆装步骤完成各作业项目,并观察各部件,描述其名称,能认识的部件打"√",不能认识的打"×",同时指出该部件所属系统或机构 2. 拆卸过程中明确技术标准,仔细观察各零部件的型号及其螺栓扭力大小 3. 按正确顺序和技术标准完成装配任务 请依照以上要求完成下表:			

序号	部件名称	所属机构	认识	考核
1				
2				
3				
4				

项目二 汽油发动机检修与拆装

续表

	序号	评估项目	自评	教师评估
分析计划		自评项根据自己对任务的完成情况进行评估并提出改进意见;教师评估可纳入任务实施过程中或对照上表随机选取几个项目评估。总评采用合格和不合格两级评价。		
	1	工具的选择和使用		
	2	活塞连杆组的组成及部件认识		
	3	活塞连杆组的拆装任务及技能		
	4	安全操作规范		
	5	总评		
	任务实施心得:			

四、知识考核

写出图 2-36 中活塞组零件的名称。

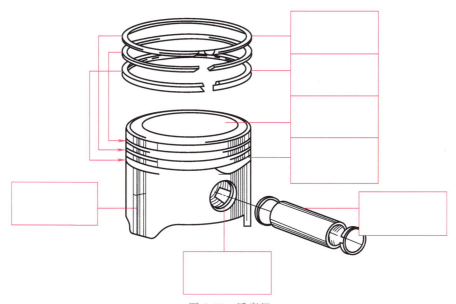

图 2-36 活塞组

任务 2.3 曲轴飞轮组检修与拆装

学习任务描述

车辆的一个故障现象是加速时发动机底部有异响,维修人员判断为曲轴和连杆的轴瓦间隙过大造成的,所以对曲轴飞轮组进行全面检修。

曲轴飞轮组的功用是把活塞连杆组传来的气体压力转变成转矩对外输出,将发动机的动力传给底盘,还用来驱动发送机的配气机构和其他辅助装置。曲轴飞轮组安装不正确或工作出现异常会使发动机产生运转不稳、工作错乱、相关机件磨损加剧等后果,直接影响发动机的工作性能,甚至不能起动。为了能够对曲轴飞轮组部件进行检修、排除故障,需要掌握曲轴飞轮组的构造及主要部件的检修方法。

一、任务导入

完成本学习任务后,应当能:
(1) 了解曲轴飞轮组组成、原理及特点;
(2) 了解曲轴飞轮组常见损伤及原因分析;
(3) 掌握曲轴的测量和计算;
(4) 掌握曲轴飞轮组的拆装及工具使用。
建议完成本学习任务为 14 学时。

二、信息资讯

1. 曲轴飞轮组

曲轴飞轮组的主要零件是曲轴和飞轮。在曲轴上还装有驱动配气机构的链轮和正时齿轮。其作用是把活塞连杆组传来的气体压力转变为扭矩对外输出并驱动配气机构及其他附属装置。填写图 2-37 中的方框。

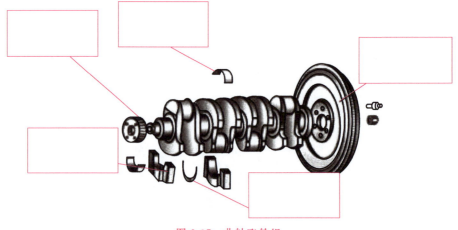

图 2-37 曲轴飞轮组

2. 飞轮

飞轮的主要功用是：贮存能量；使发动机运转平稳；利用飞轮上的齿圈起动时传力；将动力传给离合器；克服短暂的超负荷。如图 2-38 所示。

图 2-38 飞轮和齿圈

3. 拆卸飞轮

飞轮拆卸时，使用专用工具卡住飞轮齿圈，拧下飞轮紧固螺栓，从曲轴上拆下飞轮，如图 2-39～图 2-41 所示。

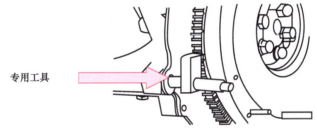

图 2-39 拆卸飞轮专用工具

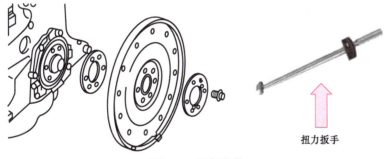

图 2-40 拆卸飞轮

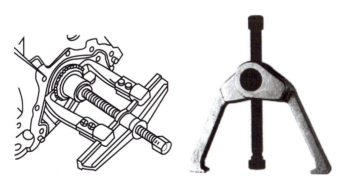

图 2-41 拉力器

图 2-42 曲轴

4. 曲轴

曲轴是发动机的主要零件,它的作用是装上连杆后,可承接连杆的上下(往复)运动变成循环(旋转)运动。如图 2-42 所示。

5. 曲轴主轴承

大部分是滑动轴承,由上、下两只瓦片配合组成,俗称大瓦,是将曲轴支承在发动机机体上的零件,瓦片接合处有定位唇与轴承片上的槽配合定位,还开有油槽和油孔。如图 2-43 所示。

发动机工作时,曲轴经常受到离合器等配套机构施加的轴向作用力而发生轴向窜动,影响曲柄连杆机构的正确位置,破坏正确的配气正时等,所以必须对其进行轴向定位。因此在曲轴和机体之间设置止推轴承(轴瓦),且只能在一处设置。可设在前、后端主轴颈或中部某一主轴颈上,轴瓦止推面与曲轴止推面之间留有 0.2~0.6mm 的轴向间隙,以保证曲轴受热膨胀时自由伸长,防止轴向转动阻力大,甚至轴间卡死。

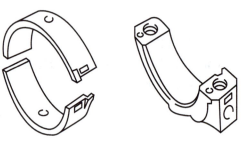

图 2-43 曲轴主轴承和轴承

止推轴承有翻边轴瓦、半圆止推片等形式,轴向间隙可由止推片厚度来调整,在使用磨损后,间隙增大,可更换或修复。如图 2-44 所示。

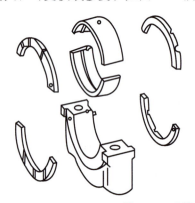
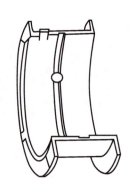

图 2-44 止推片和止推轴承

6. 拆卸曲轴

按照从外到内并且交叉的顺序分多次拧松轴承盖螺栓,禁止不按顺序一次拧下。填写图 2-45 中的拆卸顺序。

按要求拆下所有螺栓后,如果遇到轴承盖不能取下,可插入两条螺栓并晃动轴承盖。注意拆下的轴承盖按照标记和顺序摆放。

轴承可用一字螺丝刀小心地撬出,连同轴承盖一起按顺序摆放。如图 2-46 所示。

7. 曲轴扭转减振器

当发动机工作时,曲轴在周期性变化的转矩作用下,各曲拐之间发生周期性相对扭转的现象称为扭转振动，简称扭振。当发动机转矩的变化频率与曲轴扭转的自振频率相同或成整数倍时，就会发生共振。共振时扭转振幅增大，并导致传动机构磨损加剧，发动机功率下降，甚至使曲轴断裂。为了消减曲轴的扭转振动，现代汽车发动机多在扭转振幅最大的曲轴前端装置扭转减振器。汽车发动机多采用橡胶扭转减振器、硅油扭转减振器和硅油-橡胶扭转减振器等。如图2-47所示。

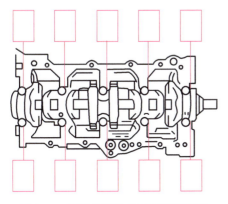

图 2-45 拧松曲轴轴承盖螺栓的顺序

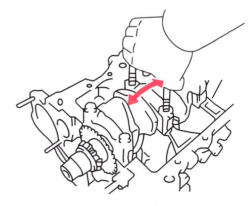

图 2-46 拆卸轴承盖

8. 曲轴径向密封环

曲轴径向密封环：安放在曲轴的自由端（前端）和飞轮端。

作用：防止内燃机机体内的机油外溢和水（汽）与灰尘进入机体内。如图2-48所示。

图 2-47 扭转减振器

图 2-48 曲轴径向密封环

9. 故障与排除

曲轴飞轮组在使用过程中易出现故障，请运用所学知识，分析曲轴飞轮组典型故障的原因并能列出排除故障的方法。参见表2-16。

表 2-16 故障与排除方法

故障	排除方法	
曲轴磨损	由于轴颈受力复杂，其磨损是不均匀的，沿着径向磨成椭圆，沿着轴向磨成锥形	应按修理尺寸法进行磨削修整或进行堆焊、镀铬，然后再磨削至规定尺寸
曲轴变形	若曲轴两端同一平面内的两个连杆轴颈的中心线其中一个不在曲轴中心线组成的平面内，则曲轴存在扭曲变形	磨削的方法修复或更换新件
曲轴轴承的磨损	如果曲轴轴颈失圆、出现锥度或被划伤，油膜不能很好生成，则轴颈将和轴承接触，从而引起轴承的过早磨损	更换轴承

续表

故障	排除方法	
轴瓦故障	污物进入	清洁轴瓦
	缺油	用润滑油润滑
	过盈不足或过大	选配标准尺寸
	发动机其他组件的问题，如曲轴或连杆弯曲或扭曲，轴颈圆度误差较大等也能使轴瓦出现损伤	对发动机其他组件进行检修或更换
轴向间隙过小或过大	曲轴经常受到离合器等配套机构施加的轴向作用力而发生轴向窜动	可由止推片厚度来调整或更换
径向间隙过小或过大	径向间隙过小会使阻力增大，加重磨损，使轴瓦划伤；曲轴径向间隙太大，曲轴会上下敲击，并使润滑油压力降低，曲轴表面过热并与轴瓦烧熔到一起	曲轴主轴承和连杆轴承间隙过小或过大就检修或更换新件
曲轴裂纹	曲轴在反复载荷的作用下出现裂纹，严重会导致断裂	磨削、焊修或更换新件
飞轮的损坏	飞轮与离合器摩擦片接触的工作表面磨损、起槽、刮痕，或因铆钉露头将飞轮工作表面划磨成沟槽等损坏	堆焊修复或更换新件

三、任务实施

任务　检测飞轮的损伤、曲轴轴向间隙、曲轴裂纹、曲轴的弯曲、曲轴轴颈的磨损、曲轴主轴颈油膜间隙

1. 技术标准与要求

（1）飞轮端面圆跳动量，一般不大于 0.15mm；飞轮工作面磨成波浪形或起槽，若深度超过 0.5mm，应更换飞轮并对曲轴和飞轮进行动平衡试验。

（2）曲轴轴向间隙一般为 0.05～0.20mm，使用极限为 0.35mm。

（3）当曲轴的弯曲量大于 0.06mm 时，应校正曲轴；当曲轴的弯曲量超过 0.10mm 时，应更换曲轴；若小于极限值，可在光磨轴径时予以消除。

（4）曲轴主轴颈和连杆轴颈的圆度误差：标准值小于 0.005mm，维修极限值为 0.006mm；曲轴主轴颈和连杆轴颈的圆柱度误差：标准值为小于 0.005mm，维修极限值为 0.006mm。

2. 实训器材

曲轴、飞轮、拆卸飞轮专用工具、扭力扳手、拉力器、百分表、磁性表座、曲轴主轴承和轴承盖、止推片和止推轴承、塞尺、平口起子、千分尺、塑料间隙规。

3. 操作步骤

第一步　飞轮常见损伤及测量

（1）填写图 2-49 中的方框。

（2）实施计划并完成表 2-17 的填写。

第二步　曲轴轴向间隙的检测

安装曲轴，在轴承座与轴承盖上装好轴承，涂上机油，曲轴各主轴颈涂上机油，把曲轴

项目二 汽油发动机检修与拆装

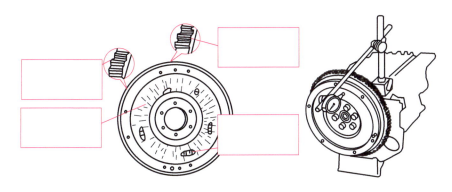

图 2-49 飞轮常见损伤及测量

放在轴承上,盖上轴承盖,从中间到两边的顺序按规定扭矩安装好螺栓。

表 2-17 计划实施记录表

项目	磨损情况	处理方法
飞轮		
飞轮齿圈		
端面圆跳动量		

检测前,百分表触杆作用在曲轴的一端,并有 1~2mm 的压缩量。通过起子把曲轴往另一端撬动,然后将百分表调零,再把曲轴往百分表的方向撬动,此时指针所指读数便是曲轴的轴向间隙。如图 2-50 所示。

测曲轴轴向间隙也可用厚薄规检测,检测前用起子把曲轴撬到一端,然后用厚薄规检测图中位置。厚薄规应放在推力轴承与止推轴承之间。如图 2-51 所示。轴向间隙若不符合要求,应更换止推轴承或止推片。

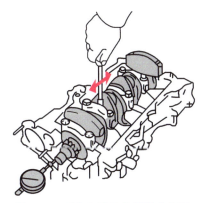

图 2-50 百分表测量曲轴轴向间隙

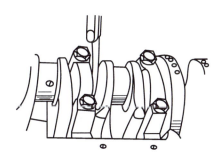

图 2-51 厚薄规测量曲轴轴向间隙

第三步 检查曲轴裂纹

将曲轴清洗干净支在支架上,用榔头敲击各曲柄臂,如发出清脆的"当当"声,表示无裂纹;如发出嘶哑的沉闷声,说明有裂纹。一般裂纹处在曲柄和连杆轴颈的连接处及主轴颈周围。为进一步查明裂纹所在,可用显微镜仔细观察,或将曲轴在柴油或煤油中浸泡后,擦干曲轴表面,在轴颈上均匀涂一层白粉。然后,用手锤轻击曲柄臂。如曲轴有裂纹,则在裂纹处会渗出油液将白粉染色。有条件的，可用探伤仪进行探伤。确定有裂纹时，更换处理。如图 2-52 所示。

① 查询维修手册，将标准数据填入表 2-18。

表 2-18　标准数据

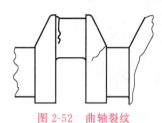

图 2-52　曲轴裂纹

发动机型号		代表车型	
气缸形式		排量	
曲轴轴向间隙			
标准		极限	

② 完成表 2-19 的填写。

表 2-19　计划实施记录表

车型：　　　　　机型：

	实际值	标准值	极限值	处理方法
曲轴轴向间隙				
曲轴裂纹				

第四步　曲轴磨损的检测

（1）曲轴的构造　曲轴由前端轴、主轴颈、连杆轴颈、曲柄及平衡铁和后端凸缘组成。填写图 2-53 中的方框。

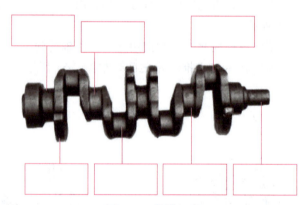

图 2-53　曲轴组成

① 主轴颈　主轴颈是曲轴的支承点，主轴颈的数目多于连杆轴颈数量的曲轴叫全支承曲轴，这种曲轴刚性好，但曲轴的长度增加，重量加大。主轴颈的数量少于连杆轴颈数量的曲轴叫非全支承曲轴。

② 连杆轴颈　连杆轴颈用来安装连杆，连杆轴颈数量一般和气缸数量相等。为了使发动机能够工作平稳，应使各缸工作间隔相等和连续做功的两缸尽可能远些，还要使各个曲拐的离心力相互平衡。

曲轴上有贯穿主轴颈、曲柄和连杆轴颈的油道，以便润滑主轴颈和连杆轴颈。

③ 前端轴　前端轴安装正时齿轮、带轮、起动爪等。有的曲轴在第一个轴承两边各装一个一面浇有巴氏合金的止推轴承以防止曲轴的轴向移动。

④ 后端凸缘　后端凸缘用来安装飞轮。在凸缘与最后一道主轴颈之间车有回油螺纹并

装有挡油凸缘或挡油盘。

⑤ 平衡铁　有的曲轴在曲柄靠主轴颈的一侧有平衡铁，用来平衡曲轴旋转时因连杆轴颈产生的离心力，使曲轴旋转平稳。曲轴在动平衡试验发生不平衡时，可以在重部位的平衡铁上去掉适当的金属以修正不平衡量。

（2）曲轴弯曲的检查与校正

① 支架百分表　支架百分表可用于检测轴的弯曲和轴向间隙。支架的高度可进行调节。百分表上的大指针每摆动一小格代表跳动量为 0.01mm，摆动一圈代表跳动量为 1.00mm，此时小指针便摆动一格。如图 2-54 所示。

② 曲轴弯曲度测量　将曲轴两端支在平板上的 V 形架上。用百分表进行测量，将百分表的测头触及中部的主轴颈，用手慢慢转动曲轴一周，观察百分表指针变化，跳动量大于 0.15mm 时，应进行校正或更换。如图 2-55 所示。

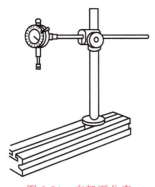

图 2-54　支架百分表

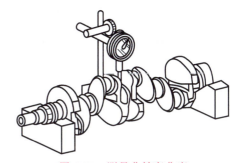

图 2-55　测量曲轴弯曲度

③ 曲轴弯曲的校正　曲轴弯曲的校正，通常在压床上进行。用两个平行的 V 形铁支承住曲轴两端的轴颈，把微分表抵在曲轴中间的主轴颈的下方，观察表的读数，找出轴颈弯曲的最高点。如图 2-56 所示。

用压床在曲轴弯曲的相反方向对主轴颈加压，压下的数值大约为曲轴弯曲度的 10 倍，并保持 4~6min。然后将曲轴加热至 300~500℃，并保温 1h，以消除冷压后曲轴内部的内应力。

完成表 2-20 的填写。

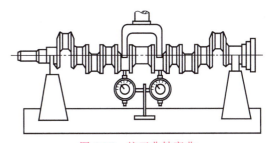

图 2-56　校正曲轴弯曲

表 2-20　实施记录表

车型：		发动机：	
被测曲轴的支承形式：			
主轴颈圆跳动量	极限值	实际值	处理办法

第五步　曲轴磨损的检测

轴颈圆度和圆柱度的检查用外径千分尺进行，测量与计算方法与连杆轴颈类似。各轴颈

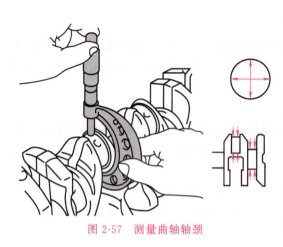

图 2-57 测量曲轴轴颈

的圆度和圆柱度应不超过 0.006mm，表面无损伤时，曲轴可以继续使用。不满足上述条件之一需进行磨修。如图 2-57 所示。

查询维修手册，将标准数据填入表 2-21。

完成表 2-22 的填写。

第六步　曲轴主轴颈油膜间隙的测量

将轴承对应安装到曲轴主轴颈轴承孔和轴承盖上，在轴承表面上涂机油，清洁曲轴后放进气缸体的主轴承上，剪下一段塑料间隙规沿轴向放置在轴颈上，按规定要求安装轴承盖螺栓。随后把轴承盖拆下，用塑料间隙规测量并确定曲轴主轴颈的油膜间隙。如图 2-58 所示。

表 2-21　标准数据

发动机型号：		代表车型：							
标准直径		最大磨损量		圆度误差		圆柱度误差			
主轴颈	连杆轴颈	主轴颈	连杆轴颈	主轴颈	连杆轴颈	主轴颈	连杆轴颈		

表 2-22　实施记录表

		车型：		发送机：			
		标准直径：		最大磨损量：			
		圆度极限值：		圆柱度极限值：			
		第一连杆轴颈	第二连杆轴颈	第三连杆轴颈	第四连杆轴颈		
第一截面	垂直直径						
	水平直径						
	圆度						
第二截面	垂直直径						
	水平直径						
	圆度						
圆柱度							
处理方法		继续使用		修复		更换	

不同型号发动机对油膜间隙有不同的要求，与发动机的工作温度、最高转速、润滑油压力、零件的材料特性等因素有关。如果曲轴各项参数都符合要求但油膜间隙过小或过大，可采取更换轴瓦来解决。轴承的更换是按照曲轴的尺寸等级来选配。通过查阅维修手册，确定轴承选配的标号。

查阅维修手册，发动机曲轴主轴颈的标准油膜间隙为 0.009～0.049mm；极限值为 0.055mm。

完成表 2-23 的填写。

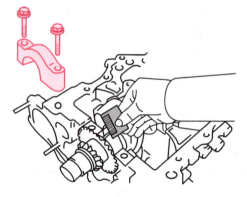

图 2-58　测量曲轴径向间隙

表 2-23　实施记录表

发动机	曲轴标准油膜间隙/mm	曲轴极限油膜间隙/mm	测量的最大油膜间隙/mm
主轴颈			
连杆轴颈			
在合适的选项中打√			
更换轴瓦		更换曲轴	油膜间隙正常

任务工作单

项目	曲轴飞轮组检修与拆装				
任务	拆装曲轴飞轮组,检测零部件			姓名	
班级		组号		日期	
任务目的	通过拆装曲轴飞轮组掌握各零部件组成、原理及特点、工具使用				
	能够测量曲轴、飞轮等项目和计算				
资讯	1. 曲轴飞轮组的组成及功用 2. 飞轮的功用 3. 拆卸飞轮 4. 曲轴的功用 5. 曲轴主轴承的组成及功用 6. 拆卸曲轴 7. 扭转减振器的功用 8. 曲轴径向密封圈的功用				
工作任务	1. 检测飞轮的损伤 2. 检测曲轴轴向间隙 3. 检测曲轴裂纹 4. 检测曲轴的弯曲 5. 检测曲轴轴颈的磨损 6. 检测曲轴轴颈油膜间隙				
分析计划	根据工作任务,确定所需工具、设备等,并制订小组工作计划: 1. 讨论确定所需仪器、工具及辅助资料 2. 团队协作,组织及人员分工 3. 明确拆装检修曲轴飞轮组的步骤及要求 4. 操作安全、规范注意事项及技术标准				
实施	1. 依照制订的拆装步骤完成各作业项目,并观察各部件,描述其名称,能认识的部件打"√",不能认识的打"×",同时指出该部件所属系统或机构 2. 拆卸过程中明确技术标准,仔细观察各零部件的型号及其螺栓扭力大小 3. 按正确顺序和技术标准完成装配任务 请依照以上要求完成下表:				
	序号	部件名称	所属机构	认识	考核
	1				
	2				
	3				
	4				
	5				
	6				

续表

	自评项根据自己对任务的完成情况进行评估并提出改进意见;教师评估可纳入任务实施过程中或对照上表随机选取几个项目评估。总评采用合格和不合格两级评价。		
	序号	评估项目	自评	教师评估
分析计划	1	工具的选择和使用		
	2	曲轴飞轮组的组成及部件认识		
	3	曲轴飞轮组的拆装任务及技能		
	4	安全操作规范		
	5	总评		
	任务实施心得:		

四、知识考核

掌握常见曲拐布置。

四缸发动机曲拐对称布置于同一平面内,如图 2-59 所示。相邻做功气缸的曲拐夹角为 180°。发动机工作顺序有 1—3—4—2 和 1—2—4—3 两种。六缸发动机曲拐对称布置于三个平面内,如图 2-60 所示。相邻做功气缸的曲拐夹角为 60°。发动机工作顺序有 1—5—3—6—2—4 和 1—6—2—4—3—5 两种。八缸发动机曲拐布置如图 2-61 所示,具体可自行分析。

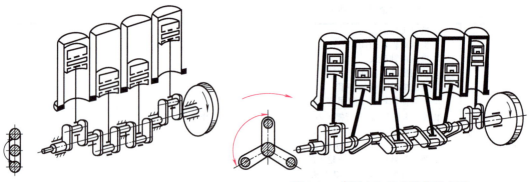

图 2-59 四缸发动机曲拐布置　　　　图 2-60 直列六缸发动机曲拐布置

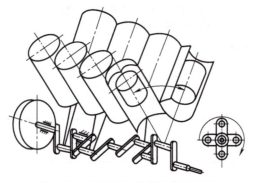

图 2-61 V 形八缸发动机曲拐布置

任务 2.4 配气机构检修与拆装

学习任务描述

车辆排气管冒蓝烟,尤其是加速时有大量蓝烟冒出,并且伴随"哒哒"有节奏的金属敲击声,客户反映动力明显不足。需对气门传动组、气门组、气缸盖进行检测,确定故障部位,并对其进行维修或更换。

配气机构的功用是按照发动机每一气缸内所进行的工作循环或点火次序的要求,定时开启和关闭各缸进、排气门,使新鲜可燃混合气或空气得以及时进入气缸,废气得以及时从气缸排出。配气机构工作是否正常直接影响到发动机热功循环的质量,为了正确分析配气机构对发动机工作性能的影响,必须掌握配气机构的检测与维修等知识。

一、任务导入

完成本学习任务后,应当能:

(1)使用工具按照正确的操作方法对配气机构进行拆装,并且掌握各零部件组成、功能及工作原理;

(2)使用相关量具对配气机构部件进行测量;

(3)查阅维修手册,并根据测量结果进行正确维修。

二、信息资讯

1. 气门传动组功能及组成

气门传动组的功能是按照发动机的工作顺序,适时地开启和关闭气门,并保证气门有足够的开度。由凸轮轴、正时机构、液压挺柱或摇臂等组成。填写图 2-62 中的方框。

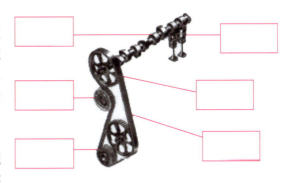

图 2-62 配气机构

2. 配气正时和记号

配气正时就是按活塞的工作行程去配置进排气门的开启时间。进气冲程:活塞从上止点向下止点运动,进气门开,排气门关;压缩冲程:活塞从下止点向上止点运动,进排气门全部关闭;做功冲程:活塞从上止点向下止点运动,进排气门全部关闭;排气冲程:活塞从下止点往上止点运动,进气门关,排气门开。

在凸轮轴和曲轴这两个正时齿轮上,均刻有正时记号,在拆装皮带或链条时上下记号应对准。如图 2-63、图 2-64 所示。

3. 正时机构

凸轮轴是由曲轴驱动的,通过正时机构来完成。驱动的方式主要为正时链条传动、正时皮带传动和齿轮传动。齿轮传动用于凸轮轴下置和上置配气机构,目前已被淘汰。随着相关材料技术的不断进步,链条传动不断扩大市场占有率成为主流。填写图 2-65、图 2-66 中的方框。

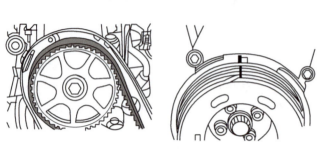

图 2-63　正时记号(一)

图 2-64　正时记号(二)

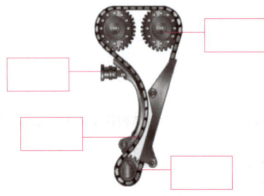

图 2-65　正时链条传动

图 2-66　正时皮带

4. 凸轮轴

凸轮轴主要配置有各缸进、排气凸轮,可以使气门按一定的工作次序和配气相位及时开闭,并保证气门有足够的升程。如图 2-67 所示。

5. 凸轮轴组成、功能及特点

凸轮轴是传动组的主要零件,由轴颈、凸轮、前端轴组成。用于驱动和控制气门的开闭,要求其符合发动机的配气相位、工作顺序、气门升程等要求。

凸轮分为进气凸轮和排气凸轮。如果凸轮磨损或变形,会导致配气相位的改变和气门升程的减小,因此要求其具有足够的硬度和耐磨性。凸轮形线功能如图 2-68 所示。

图 2-67　凸轮轴

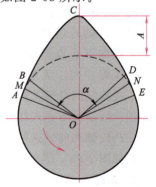

图 2-68　凸轮形线功能

凸轮轴在工作中主要承受气门弹簧的弹力，径向力很大，很容易造成弯曲、扭曲。为了尽量减小此现象，采用了全支承方式和每两个气缸设置一个轴颈支承的方式。为了便于安装，轴颈的直径从前往后依次缩小。

现代汽车发动机一般采用顶置凸轮轴，按照凸轮轴的数量可分为单顶置（SOHC）和双顶置（DOHC）两种形式。

单顶置凸轮轴是一种在气缸盖内只设置一条凸轮轴的设计。采用这一设计的直列气缸发动机只需一条安放在气缸盖上方的凸轮轴，而V形气缸发动机则需要两条凸轮轴，分别安放在一侧气缸组之上。如图2-69所示。

图2-69　单顶置凸轮轴

图2-70　双顶置凸轮轴

双顶置凸轮轴是一种在气缸盖内配备两条凸轮轴的气门排列形式。两条凸轮轴分别控制进气门和排气门。根据发动机的构造不同（主要是气缸排列形式的不同），一台一般的双顶置凸轮轴汽车发动机可最多拥有两条到四条不等的凸轮轴。如图2-70所示。

6. 气门挺柱

气门挺柱的功用是将凸轮的推力传给气门，并承受凸轮轴旋转时所施加的侧向力。

气门挺柱分为机械式和液力式两大类，每一类又分为平面挺柱和滚子挺柱两种。目前最常见为液压挺柱。如图2-71所示。

7. 液压挺柱工作原理

液压挺柱工作原理：利用发动机润滑油的压力调整其自身长度，以补偿气门传动机构中由于热膨胀、磨损等因素产生的气门间隙降低到最小限度。液压挺杆可使发动机配气机构在工作过程中保持良好的气密性，保障发动机平稳工作。如图2-72所示。

图2-71　气门挺柱

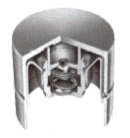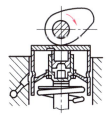

图2-72　液压挺柱内部构造和工作原理

8. 气门摇臂和轴

摇臂的作用是将推杆或凸轮传来的力改变方向，驱动气门的开启。如图2-73所示。工作时以摇臂轴为支点，将凸轮轴传给的推力传给气门，克服气门弹簧张力将气门推开。传统摇臂与气门杆端接触装有气门调整螺钉来调整间隙。目前越来越多的摇臂调整螺钉由间隙补偿器（一种液压挺柱）来代替。如图 2-74 所示。

图 2-73　气门摇臂组

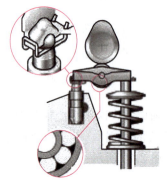

图 2-74　液压挺柱配合滚子摇臂

9. 气门间隙

为了保证气门关闭严密，在气门杆端与气门驱动件（摇臂、挺杆或凸轮）之间留有适当的间隙，称为气门间隙。气门间隙在热车时比较小，在冷车时比较大，这是因为发动机运行时，气门杆因温度升高而膨胀伸长，导致间隙缩小。若气门间隙调整不当就会使发动机运行不正常，过大会影响气门的开启量，气门升程减少引起进气不足，排气不彻底；过小会引起气门关闭不严引起漏气，造成动力下降。

标准的气门间隙视配气机构的总体结构形式，发动机制造厂根据试验而定。在冷态时，进气门的间隙为 0.25～0.30mm，排气门的间隙为 0.30～0.35mm。

气门间隙用于满足气门膨胀的需要，只有在气门完全关闭时，才能检查和调整气门间隙。部分发动机是通过更换调整垫片的厚度来实现气门间隙调整的，或者是通过更换气门挺柱来调整气门间隙。有的发动机是通过调整螺钉来实现气门间隙调整的。

气门间隙调整要在常温下进行，调整前要确保该气门完全关闭，把相应厚度的厚薄规钢片放进摇臂与气门杆端面之间进行检测。如图 2-75 所示。

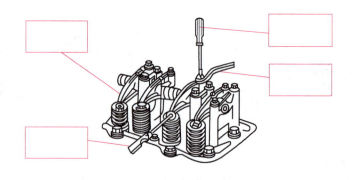

图 2-75　调整气门间隙

10. 气门组

气门组的功能是维持气门的关闭，主要由气门、气门锁片、气门弹簧、气门油封、气门弹簧座等组成；填写图2-76中的方框。

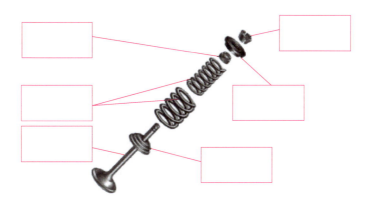

图2-76　气门组组成

11. 气门

气门分为进气门和排气门。进气门的作用是将空气吸入发动机内，与燃料混合燃烧；排气门的作用是将燃烧后的废气排出并散热。气门头部直接与气缸内燃烧的高温气体接触，温度高且散热和润滑困难，还要承受很大的冲击力，同时还要承受气体压力、传动零件惯性力。杆身在气门开闭过程中起导向作用，也可通过气门导管来散失一部分热量。

12. 气门弹簧

气门弹簧借其张力克服气门关闭过程中气门及传动件因惯性力而产生的间隙，保证气门及时落座并精密贴合，同时也防止气门在发动机振动时因跳动而破坏密封。因此要求气门弹簧具有足够的刚度和安装预紧力。

气门弹簧的工作频率与其自然频率相等或某一倍数时，将会发生共振。共振可破坏气门的正常工作，使弹簧折断。为了避免以上现象，可采用不等螺距弹簧或双弹簧。如图2-77所示。

气门弹簧常见的损伤主要有歪斜、断裂、弹力减退。歪斜和弹力减退会影响气门密封性能，容易烧蚀气门。

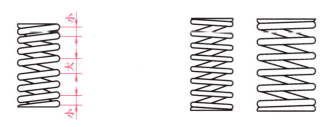

图2-77　气门弹簧

13. 故障与排除

配气机构在使用过程中易出现故障，请运用所学知识，分析配气机构典型故障的原因并能列出排除故障的方法。参见表 2-24。

表 2-24 故障与排除

故障		排除方法
气门的损伤	气门组零件在工作时,受高温气体的冲刷和零件往复运动的惯性力和冲击力的作用,同时润滑条件较差,容易造成气门头部工作锥面过度磨损、烧伤和腐蚀,使气门与气门座失去密封性	没有超过极限值应进行检修,超过极限值应更换新件
气门弹簧的损伤	气门弹簧的损伤有裂纹折断、歪斜变形、自由长度缩短、弹力减弱等,这些损伤将导致气门关闭不严,并可能出现异响,影响发动机的正常工作	超过极限值应更换
凸轮的轮廓磨损	由于凸轮与挺柱的接触面积小,单位压力大,相对滑动速度又很高,因此使用中常出现凸轮轮廓表面磨损、拉毛和点蚀等现象,尤其是凸轮顶部附近的磨损最大	超过极限值应更换
凸轮轴的轴颈磨损	凸轮轴轴颈的磨损一般较小,但如果发动机的润滑系统出现故障,机油压力不足,常会导致上置式凸轮轴的轴颈润滑条件变差	若超过规定值,应更换凸轮轴
凸轮轴的弯曲变形	由于凸轮轴的抗弯强度较差,常由于拆装中的错误操作而导致其弯曲。此外,若因润滑不良导致凸轮轴轴承出现高温卡死时,也会造成凸轮轴弯曲的后果	在压力机上进行校正修复或更换凸轮轴
正时齿带的磨损	正时齿带经过一段时间的使用后,会发生老化和损伤,因此使用中应经常检查和维护,避免发生折断、滑齿,造成活塞与进、排气门相撞,从而使活塞与气门损坏,严重时还会造成气门摇臂、摇臂轴、凸轮轴、气缸盖的损坏	更换新件

三、任务实施

任务 检测正时链条、齿形带、凸轮轴弯曲度、凸轮轴颈、凸轮轴凸轮高度、气门头部边缘厚度、气门杆端面磨损、气门杆直径磨损、气门弹簧的自由长度、气门弹簧的垂直度

1. 技术标准与要求

(1) 载货汽车气门杆的磨损量大于 0.10mm、轿车气门杆的磨损量大于 0.05mm 或出现明显的台阶形磨损,应更换新件。

(2) 测量气门头部边缘厚度,若厚度小于 1.0mm,应更换新件。

(3) 气门杆尾端的磨损大于 0.5mm(有不平或起槽),应更换新件。

(4) 气门弹簧的外圆柱面在全长上对底面的垂直度应不大于 1.5mm,不合格应更换新弹簧。

(5) 气门弹簧的自由长度一般可允许缩短 3%~4%(减小值一般不超过 2.0mm),超过时应予更换。

(6) 当凸轮的最大升程减小 0.40mm 或凸轮表面累积磨损量超过 0.80mm 时,应更换凸轮。

2. 实训器材

游标卡尺、正时皮带、凸轮轴、V形块、磁性表座、百分表、千分尺、气门、气门弹簧、90°角尺。

3. 操作步骤

第一步 测量正时链条

为了防止链条在工作时发生噪声、脱落和振动，在安装时应有一定的张紧度，为此安装了导链板和顶链器。但经过长时间使用后，难免会出现链条节距变长、噪声增大等现象。

（1）测量链轮直径 用链条包住正时链轮，使用游标卡尺测量其直径，如果直径小于极限值，应更换链轮。如图2-78所示。

（2）测量链条长度 使用弹簧秤拉紧链条，当拉力达到5kgf（1kgf＝9.8N）时，测量链条长度，如果长度超过极限值，应更换链条。如图2-79所示。

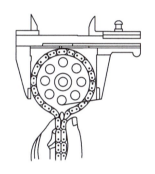

图2-78　测量链轮直径

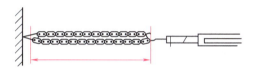

图2-79　测量链条长度

第二步 检查齿形带

目测检查齿形带是否有残缺、裂纹等损伤，如有应更换；用手快速转动张紧轮，应无任何异响、松旷等现象，如有应更换。正时齿轮的齿面应该光洁无任何损伤，如有应更换。一定要按厂家要求定期更换齿形带和张紧轮，否则皮带的断裂会给发动机造成严重损坏。

第三步 检查凸轮轴弯曲度

将凸轮轴两端支在平板上的两只V形铁上，使用百分表测量凸轮轴靠近中部的轴颈，将凸轮轴转动一圈，如表针摆差大于0.10mm时应更换。如图2-80所示。

第四步 检查凸轮轴颈

用外径千分尺分别测量各道轴颈的圆度和圆柱度，其偏差超过厂家要求极限值时应更换。如图2-81所示。

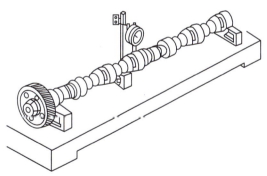

图2-80　测量凸轮轴弯曲度

第五步 检查凸轮轴凸轮高度

用肉眼检查凸轮表面有无伤痕，用外径千分尺测量凸轮的高度，高度小于极限值应更换。如图2-82所示。

查询维修手册，填写表2-25中的内容。

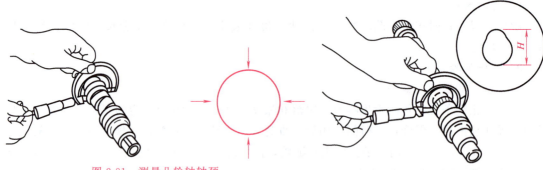

图 2-81　测量凸轮轴轴颈　　　　　　　图 2-82　测量凸轮

表 2-25　实施记录表

发动机型号		代表车型	
凸轮轴位置、数量		气门数量	
凸轮轴径向圆跳动极限值			
凸轮高度磨损极限值			
凸轮轴轴颈圆度极限值			
凸轮轴轴颈圆柱度极限值			

完成表 2-26 的填写。

表 2-26　实施记录表

项目 \ 参数	凸轮轴径向跳动量/mm	凸轮轴最大径向跳动量/mm	在以下合适的选项中打√		
			校正	更换	继续使用
进气凸轮					
排气凸轮					

完成表 2-27 的填写。

表 2-27　实施记录表

项目 \ 参数	凸轮标准高度尺寸/mm	凸轮最大磨损高度尺寸/mm	在以下合适的选项中打√		
			修复	更换	继续使用
进气凸轮					
排气凸轮					

完成表 2-28 的填写。

表 2-28　实施记录表

项目 \ 参数	标准轴颈尺寸/mm	最小轴颈尺寸极限值/mm	在以下合适的选项中打√		
			修复	更换	继续使用
进气凸轮					
排气凸轮					

第六步　拆解气门组

气门弹簧压缩器如图 2-83 所示。

项目二　汽油发动机检修与拆装

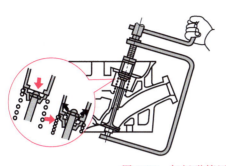

图 2-83　气门弹簧压缩器

对于拆下的气门组、摇臂组件、液压挺柱要做好正确的标记并按缸号顺序码放；如图 2-84 所示。

第七步　气门头部边缘厚度的检测

在工作中，气门头部锥面与气门座接触时，一是起密封作用，二是通过气门座带走气门的部分热量。因此，长时间的工作必然会造成磨损。如图 2-85 所示。

第八步　气门杆端面磨损测量

使用游标卡尺测量气门长度，如果磨损量大于厂家要求的极限值，应更换气门。如图 2-86 所示。

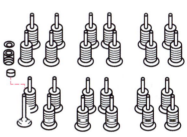

图 2-84　气门组码放

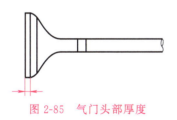

图 2-85　气门头部厚度

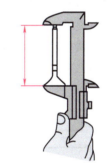

图 2-86　测量气门长度

第九步　气门杆直径磨损测量

使用外径千分尺在气门杆的上、中、下 3 个截面进行多点测量。如图 2-87 所示。

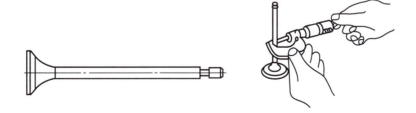

图 2-87　测量气门杆直径

查询维修手册并填写表 2-29 中的内容。

表 2-29 实施记录表

车型：		机型：				
气门数量：		气门驱动形式：				
进排气门	气门头部边缘厚度		气门长度		气门杆直径磨损量	
	进	排	进	排	进	排
标准值						
极限值						

完成表 2-30 的填写。

表 2-30 实施记录表

车型：		机型：				
气门数量：		气门驱动形式：				
进排气门	气门头部边缘厚度		气门长度		气门杆直径磨损量	
	进	排	进	排	进	排
标准值						
极限值						
实际值(填写磨损量最大一只)						
目测检查结果						
处理办法						

第十步 检查气门弹簧自由长度、垂直度

可在弹簧检验仪上检查自由长度，或用游标卡尺测量气门弹簧自由长度。若自由长度不符合规定时应更换。如图 2-88 所示。

将气门弹簧放在平板上，用钢直角尺测量气门弹簧端面与中心线的垂直度误差，气门弹簧的外圆柱面上对地面的垂直度公差超过厂家要求时，弹簧应报废。如图 2-89 所示。

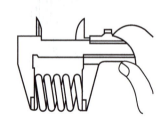

图 2-88 测量气门弹簧自由长度

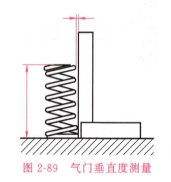

图 2-89 气门垂直度测量

查阅维修手册，填写表 2-31 中的内容。

表 2-31 实施记录表

车型：		机型：			
气门数量：		气门驱动形式：			
内外弹簧	气门弹簧自由长度		气门弹簧垂直度		
	内	外	内	外	
标准值					
极限值					

项目二 汽油发动机检修与拆装

完成表 2-32 的填写。

表 2-32 实施记录表

车型：					发动机：			
尺寸	内弹簧				外弹簧			
	1缸	2缸	3缸	4缸	1缸	2缸	3缸	4缸
气门弹簧自由长度极限值								
气门弹簧自由长度实际测量值								
气门弹簧垂直度极限值								
气门弹簧垂直度实际测量值								
处理办法								

任务工作单

项目	配气机构检修与拆装				
任务	拆装配气机构，检测零部件			姓名	
班级		组号		日期	
任务目的	通过拆装配气机构掌握各零部件组成、原理及特点、工具使用				
	能够测量配气机构部件和计算				
资讯	1. 气门传动组功能及组成 2. 配气正时和记号 3. 正时机构 4. 凸轮轴的功用 5. 凸轮轴组成、功能及特点 6. 气门挺柱 7. 液压挺柱工作原理 8. 气门摇臂和轴的功用 9. 气门间隙 10. 气门组 11. 气门的功用 12. 气门弹簧的功用				
工作任务	1. 检测正时链条 2. 检测齿形带 3. 检测凸轮轴弯曲度 4. 检测凸轮轴颈 5. 检测凸轮轴凸轮高度 6. 检测气门头部边缘厚度 7. 检测气门杆端面磨损 8. 检测气门杆直径磨损 9. 检测气门弹簧的自由长度 10. 检测气门弹簧的垂直度				
分析计划	根据工作任务，确定所需工具、设备等，并制订小组工作计划： 1. 讨论确定所需仪器、工具及辅助资料 2. 团队协作，组织及人员分工 3. 明确拆装检修配气机构的步骤及要求 4. 操作安全、规范注意事项及技术标准				

续表

实施	1. 依照制订的拆装步骤完成各作业项目,并观察各部件,描述其名称,能认识的部件打"√",不能认识的打"×",同时指出该部件所属系统或机构 2. 拆卸过程中明确技术标准,仔细观察各零部件的型号及其螺栓扭力大小 3. 按正确顺序和技术标准完成装配任务 请依照以上要求完成下表:				
	序号	部件名称	所属机构	认识	考核
	1				
	2				
	3				
	4				
分析 计划	自评项根据自己对任务的完成情况进行评估并提出改进意见;教师评估可纳入任务实施过程中或对照上表随机选取几个项目评估。总评采用合格和不合格两级评价。				
	序号	评估项目		自评	教师评估
	1	工具的选择和使用			
	2	配气机构的组成及部件认识			
	3	配气机构的拆装任务及技能			
	4	安全操作规范			
	5	总评			
	任务实施心得:				

四、知识考核

知道配气机构拆装注意事项,具体如下:

(1) 先拆除外围附件,再按照由外到内、由上到下的顺序进行拆解;

(2) 要在冷态时拆装配气机构;

(3) 拆解配气机构螺栓时使用的工具是扭力扳手;

(4) 按照维修手册的拆装顺序和扭力拆装各螺栓;

(5) 拆解正时机构和飞轮时,注意相关正时记号;

(6) 拆卸凸轮轴螺栓时要按照由外到内、先两端后中央、交叉对称的顺序分次地拆解,安装时按照与之相反的顺序;禁止一次拧松或拧紧一个螺栓;

(7) 拆装气门弹簧时要使用气门弹簧的拆装工具;

(8) 按照维修手册的要求更换螺栓、垫片、油封等,安装时注意不要损伤新的气门油封;

(9) 安装气门弹簧时,注意内外弹簧的旋向要相反;

(10) 按照正确的方法安装凸轮轴;

(11) 拆下气门挺柱后,要使其工作面朝下顺序摆放,安装时要灌满机油;

(12) 气门拆卸时要防止气门压缩器滑落而导致气门锁片脱落,可能对人员造成伤害。

任务 2.5　发电机检修与拆装

学习任务描述

充电系统经常出现的故障主要有不充电、充电电流过小、充电电流过大和充电电流不稳定等。该任务通过对交流发电机和充电系统故障的诊断、拆卸、检修、安装调整过程的实施与学习，使学生在掌握交流发电机和充电系统的结构与工作原理等方面理论知识的同时，具备对上述故障进行分析与排除的能力。

一、任务导入

完成本学习任务后，应当能：
（1）掌握发电机拆装步骤及注意事项；
（2）掌握交流发电机（转子、定子、整流器、碳刷组件）的检测。

二、信息资讯

1. 转子

交流发电机的转子是发电机的磁极部分，用来产生磁场，由滑环、转子轴、爪极、磁轭、磁场绕组等部件组成，其组成如图 2-90 所示。

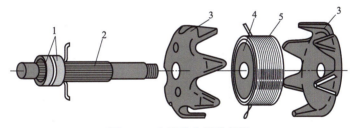

图 2-90　交流发电机的转子
1—滑环；2—转子轴；3—爪极；4—磁轭；5—磁场绕组

2. 定子

交流发电机的定子是发电机的电枢部分，其功用是用来产生交流电动势，由定子铁芯和对称的三相电枢绕组组成。定子铁芯由相互绝缘的内圆带嵌线槽的环状硅钢片叠成，嵌线槽内嵌入三相互相独立、对称的定子线圈。当转子转动时，定子线圈切割旋转磁场的磁力线而产生三相交流电动势。定子及定子绕组如图 2-91 所示。

3. 整流器

由于汽车的电气系统使用直流电，所以发电机的

图 2-91　定子示意图

交流电必须转为直流电,这一过程称为整流。用很小的半导体二极管可将交流电转变为直流电。二极管只允许电流流向一个方向,它由外表掺杂的纯硅片制成。二极管可以正向连接(导电),也可以反向连接(不导电)。这些整流器连接于发电机的内部线路中,使发电机定子线圈流出的电流只流向正方向,而阻止电流流向反方向。如图2-92所示。

4. 电刷组件

在发电机后端盖内装有电刷组件,电刷组件包括电刷、电刷架和电刷弹簧。电刷通过弹簧与转子轴上的滑环保持接触。如图2-93所示。

图2-92 整流器

图2-93 电刷组件

5. 故障与排除

发电机在使用过程中易出现故障,请运用所学知识,分析发电机典型故障的原因并能列出排除故障的方法。参见表2-33。

表2-33 故障与排除方法

故障		排除方法
发电机不充电	1. 定子绕组断路或搭铁 2. 滑环严重烧蚀、脏污或有裂纹,碳刷过度磨损、卡滞 3. 二极管烧坏脱焊	1. 建议更换发电机总成 2. 可通过焊接、机加工修复,或更换碳刷 3. 脱焊的故障可以通过补焊修复,或更换整流器总成
发电机充电电流过小	1. 定子绕组匝间短路 2. 滑环轻度烧蚀、脏污,碳刷磨损不均、接触不良 3. 个别二极管损坏	1. 建议更换发电机总成 2. 可用细砂纸打磨滑环,更换碳刷及碳刷弹簧 3. 对于压装的二极管可以个别更换,否则更换整流器总成

三、任务实施

任务 检测转子总成、检测定子总成、检测硅二极管整流器、检测电刷架总成

1. 技术标准与要求

(1) 用欧姆表检查交流发电机滑环之间的导通性,标准电阻应为2.7~3.1Ω(20℃)。如果不导通,则应更换转子。

(2) 用游标卡尺测量交流发电机的滑环直径,标准直径应为14.2~14.4mm,最小直径为12.8mm。如果直径小于最小值,则应更换转子。

(3) 用游标卡尺测量露出的电刷长度，标准露出长度为 10.5mm，最小露出长度为 1.5mm。如果露出长度小于最小值，则应更换电刷。

2. 实训器材

工具：尖嘴钳，一、十字起子，8 号、10 号套筒丁字杆，22 号套筒，两爪拉拔器，铁锤 0.5P，橡胶锤，指针式扭力扳手。

量具：万用表、游标卡尺 0~150mm（精度 0.02mm）。

工位备件：拆装平台、毛刷、清洁剂、润滑脂、清洁抹布。

3. 操作步骤

第一步　硅整流交流发电机的拆解及清洗

(1) 拆下皮带轮；

(2) 拧下"B"端子上的固定螺母并取下绝缘套管；

(3) 拆下后端盖罩；

(4) 拧下电刷架和 IC 调节器的固定螺钉，取下电刷架和 IC 调节器（注意：电刷要轻取）；

(5) 将与整流器相连接的三相绕组引线及中性点引线的连接螺钉用十字起子拧下，取下整流器；

(6) 拆卸整流器端座；

(7) 从驱动端盖里取出转子；用棉纱蘸适量清洗剂擦洗转子绕组、定子绕组、弹刷及其他机件。

第二步　硅整流交流发电机的检查转子的检查

(1) 转子绕组短路与断路的检查　用数字万用表的低电阻挡检测两滑环之间的电阻，应符合技术标准。若阻值为"∞"，则说明断路；若阻值过小，则说明短路。一般阻值约为 3.5~6Ω。如图 2-94 所示。

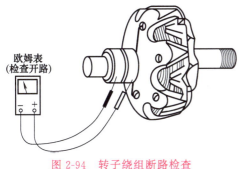
图 2-94　转子绕组断路检查

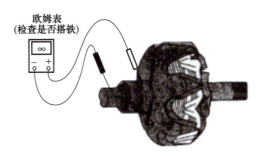
图 2-95　转子绕组绝缘检查

(2) 转子绕组搭铁检查　检查转子绕组与铁芯（或转子轴）之间的绝缘情况。用万用表导通挡检测两滑环与铁芯（或转子轴）之间的导通情况。若为零且表发出响声，说明有搭铁故障，正常应为"∞"，如图 2-95 所示。

(3) 滑环的检查　滑环表面应平整光滑，无明显烧损，否则用"00"号纱布打磨。两滑环间隙处应无积物。滑环圆度误差不超过 0.025mm，厚度不小于 1.5m。

(4) 转子轴检查　用百分表检查轴的弯曲度，弯曲度不超过 0.05mm（径向圆跳动公差不超过 0.1mm），否则应予以校正。爪形磁极在转子轴上应固定牢靠，间距相等，如图 2-96 所示。

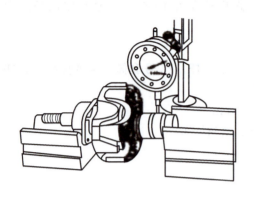

图 2-96 转子轴的检查

(5) 定子的检查

① 定子绕组短路与断路的检查：用数字万用表的低电阻挡位检测定子绕组三个接线端，两两相测。正常值时阻值小于1Ω且相等。阻值为"∞"，说明断路；阻值为零，说明短路，如图2-97所示。

② 定子绕组搭铁检查：检查定子绕组与定子铁芯间绝缘情况。用数字万用表导通挡测定子绕组接线端与铁芯间的电阻，若电阻过小（表内发出响声），说明有绝缘不良故障。正常应指示"∞"，如图2-98所示。

(6) 整流器的检查（主要是整流二极管）

① 检测正极管：用数字万用表的导通挡位，黑表笔接整流器端子"B"，红表笔分别接整流器各接柱，万用表均应导通，否则说明该二极管断路，应更换整流器总成；调换两表笔进行测试，此时万用表均不导通，否则说明二极管短路，亦应更换整流器总成，如图2-99所示。

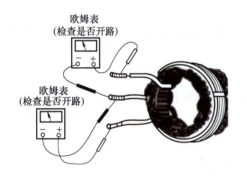

图 2-97 定子绕组断路检查

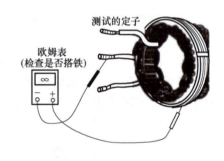

图 2-98 定子绕组绝缘检查

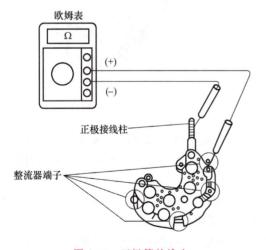

图 2-99 正极管的检查

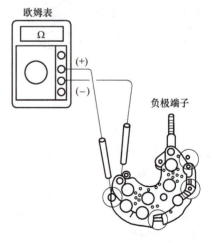

图 2-100 负极管的检查

② 检测负极管：用数字万用表的导通挡位，红表笔接整流器的端子"E"，黑表笔分别接整流器各接柱，万用表均应导通，否则说明该二极管断路，应更换整流器总成；调换两表笔进行测试，此时万用表均不导通，否则说明二极管短路，亦应更换整流器总成，如图2-100所示。

③ 在不分解发电机的情况下检测二极管：用万用表的导通挡位，黑表笔接发电机电枢"B"接柱，红表笔接发电机端盖。若阻值在40～50Ω以上，说明无故障；若阻值在10Ω左右，说明有失效的二极管，须拆检；若阻值为0Ω，说明有不同极性的二极管击穿。

（7）电刷组件的检查　电刷表面不得有油污，且应在电刷架中活动自如，电刷磨损不得超过原高度的1/2（标准长度为10.5mm）；当电刷从电刷架中露出2mm时，电刷弹簧力一般为2～3N；电刷架应无烧损、破裂或变形。

第三步　硅整流交流发电机的装复

按拆解的反顺序装复。装复后，转动发电机皮带轮，转子转动平顺，无摩擦及碰击声。

任务工作单

项目	发电机检修与拆装				
任务	拆装发电机,检测零部件			姓名	
班级		组号		日期	
任务目的	通过拆装发电机掌握各零部件组成、原理及特点、工具使用				
	能够测量发电机部件				
资讯	1. 转子的功用 2. 定子的功用 3. 整流器的功用 4. 碳刷组件的功用				
工作任务	1. 转子绕组短路与断路的检查 2. 转子绕组搭铁检查 3. 滑环的检查 4. 转子的检查 5. 定子的检查 6. 整流器的检查（主要是整流二极管） 7. 电刷组件的检查				
分析计划	根据工作任务,确定所需工具、设备等,并制订小组工作计划： 1. 讨论确定所需仪器、工具及辅助资料 2. 团队协作,组织及人员分工 3. 明确拆装检修发电机的步骤及要求 4. 操作安全、规范注意事项及技术标准				
实施	1. 依照制订的拆装步骤完成各作业项目,并观察各部件,描述其名称,能认识的部件打"√",不能认识的打"×",同时指出该部件所属系统或机构 2. 拆卸过程中明确技术标准,仔细观察各零部件的型号及其螺栓扭力大小 3. 按正确顺序和技术标准完成装配任务 请依照以上要求完成下表：				
	序号	部件名称	所属机构	认识	考核
	1				
	2				
	3				
	4				
	5				
	6				

续表

	自评项根据自己对任务的完成情况进行评估并提出改进意见;教师评估可纳入任务实施过程中或对照上表随机选取几个项目评估。总评采用合格和不合格两级评价。			
分析 计划	序号	评估项目	自评	教师评估
	1	工具的选择和使用		
	2	发电机的组成及部件认识		
	3	发电机的拆装任务及技能		
	4	安全操作规范		
	5	总评		
	任务实施心得:			

四、知识考核

认识汽车发电机的零部件名称,如图 2-101 所示。

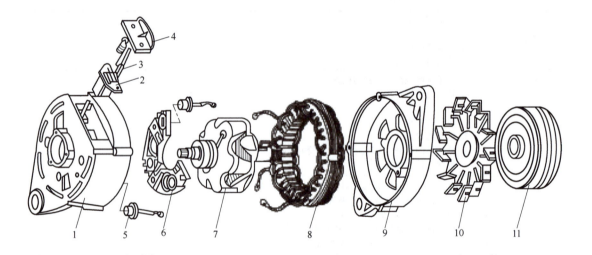

图 2-101 发电机结构

1—后端盖;2—电刷架;3—电刷;4—电刷盖板;5—整流二极管;6—整流板;7—转子;
8—定子总成;9—前端盖;10—风扇;11—皮带轮

项目三

传动系统检修与拆装

 任务 3.1　离合器总成的检测与维修

> **学习任务描述** >>>

车辆因离合器总成工作不良造成起步时车辆抖动，需对离合器总成进行检测，确定故障部位，并对其进行维修或更换。

离合器是传动系统与发动机相连接的部件，通常安装在发动机与变速器之间，用以连接或切断对变速器的动力传递。由于离合器的动力是通过离合器片之间的摩擦力进行传递，因此在长期使用过程中容易出现磨损等故障，从而影响汽车的使用性能。

> **一、任务导入** >>>

完成本学习任务后，应当能：
（1）叙述离合器的作用、分类与工作原理；
（2）在整车上拆装离合器总成并识别其零部件；
（3）在教师指导下，完成摩擦式离合器总成的拆卸、检测和维修；
（4）运用所学知识，分析离合器的典型故障原因；
（5）为客户提供正确使用离合器的建议。
建议完成本学习任务为 14 学时。

> **二、信息资讯** >>>

1. 离合器总成的组成与安装位置

离合器是汽车传动系统中直接与发动机相连的部件，通过离合器片之间的摩擦力来传递动力，其安装在飞轮之后，变速器之前。

（1）观察图 3-1，描述离合器总成安装的位置：_____

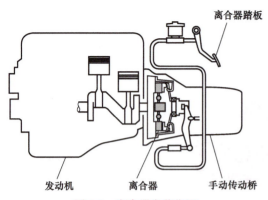

图 3-1　离合器安装位置

图 3-2　离合器总成

（2）观察图 3-2，叙述离合器由哪些元件组成：_____
（3）根据图 3-3，查阅维修资料，将空格补充完毕。

图 3-3　离合器结构图

2. 离合器的作用
（1）在离合器操纵机构的配合下保证汽车平稳起步。
（2）换挡时将发动机与变速器迅速彻底分离，中断动力。

图 3-4　分离轴承和拨叉

（3）汽车在行驶中受到过大的载荷冲击时，能依靠离合器打滑保护整个传动系统，防止过载。

3. 分离轴承

在离合器接合与分离的过程中，分离轴承能平滑、平稳地移动压盘分离杆或膜片弹簧，分离轴承安装在从动轴上。

认识分离轴承位置，如图 3-4 所示。观察分离轴承正反面，如图 3-5 所示。

4. 故障与排除

离合器在使用过程中易出现故障，请运用所学知识，分析离合器典型故障的原因并能列出排除故障的方法。参见表 3-1。

(a)　　　　　　　　　　　(b)

图 3-5　分离轴承正反面

表 3-1　故障与排除

故障		排除方法
离合器打滑	飞轮翘曲	修整或更换飞轮
	从动盘有油液、润滑脂或表面磨损	清洗或更换离合器从动盘
	从动盘或压盘翘曲	更换损坏的部件
	离合器没有正确对准	重新对准
	压盘弹簧损坏或压盘浸油	更换损坏的零件
离合器发抖	摩擦片磨损或光滑	更换从动盘
	摩擦片上有机油或润滑脂	清洗或更换
	飞轮或压盘翘曲或有沟槽	校正、打磨或更换
	发动机支架损坏	修复
离合器分离不彻底	摩擦片上有机油或润滑脂	清洗或更换
	摩擦片破裂	更换从动盘
	从动盘翘曲	更换从动盘
	分离杠杆调整不当或磨损	调整、修复或更换
	从动盘的花键磨损	更换从动盘
	从动盘粘接在变速器输入轴上	清洗或更换从动盘和输入轴
	向心轴承磨损或黏合	更换向心轴承
	变速器输入轴的轴承磨损	更换修复

三、任务实施

任务　检测离合器分离轴承、压盘、从动盘

1. 技术标准与要求

(1) 离合器压盘翘曲度维修极限 0.15mm。标准（新）0.03mm。

(2) 离合器从动盘厚度维修极限 5.0mm。标准（新）7.25～7.95mm。

(3) 离合器从动盘衬片表面到两侧铆钉的铆钉深度维修极限 0.2mm。标准（新）

1.0～1.5mm。

2. 实训器材

离合器分离轴承、压盘、从动盘、百分表、游标卡尺、厚薄规、润滑脂。

3. 操作步骤

第一步　拆装准备

了解相应车型维修手册中离合器分离轴承、压盘、从动盘技术标准和要求，准备拆卸离合器总成。

第二步　拆卸并检查离合器操纵部分

（1）检测离合器分离轴承、压盘、从动盘。

（2）拆卸离合器分离拨叉，看拨叉和拨叉弹簧有无弯曲变形，并在相应的运动位置涂抹适量润滑脂，如图3-6所示。

 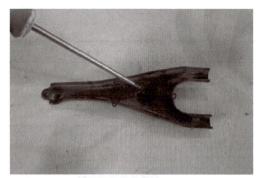

(a) 检测拨叉有无变形　　　　　　　　　(b) 检测拨叉弹簧有无变形

图 3-6　检测拨叉及拨叉弹簧

（3）用手指转动分离轴承，如图3-7所示，检查轴承是否良好（如轴承间隙过大或者有噪声则需要更换），并在轴承座孔内涂抹适量润滑脂（可减小分离轴承座孔与套筒间滑动阻力；分离轴承内有润滑脂，不可用化清剂等溶剂清洗），如图3-8所示。

（4）检查膜片弹簧销钉夹在分离轴承接触区域是否磨损，如图3-9所示。

图 3-7　检测分离轴承　　　　　　　　　图 3-8　涂抹润滑脂

第三步　拆卸、检查离合器主动部分、从动部分

（1）拆卸离合器总成，如图3-10所示。

图 3-9　检查膜片弹簧

图 3-10　拆卸离合器总成

（2）使用粗砂纸研磨离合器压盘和从动盘，清除表面油迹和异物，并检查有无磨损、开裂或灼伤损坏，如图 3-11 所示。

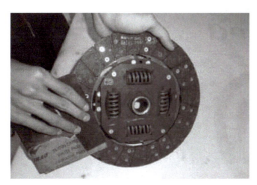

图 3-11　研磨并检测压盘和从动盘

（3）使用钢直尺和厚薄规检查离合器压盘翘曲度，查看有无超过维修极限，如图 3-12 所示。

（4）使用游标卡尺测量离合器从动盘厚度，查看有无超过维修极限，如图 3-13 所示。

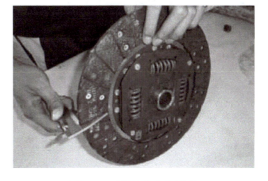

图 3-12　检查压盘翘曲度

图 3-13　测量从动盘厚度

（5）用游标卡尺检测离合器从动盘衬片表面到两侧铆钉的铆钉深度，查看有无超过维修极限，如图 3-14 所示。

第四步　安装离合器

（1）安装离合器各部件。安装时要注意从动盘方向，如图 3-15 所示。

图 3-14　检测从动盘衬片表面铆钉深度

图 3-15　安装离合器从动盘

(2) 按维修手册要求正确安装离合器，如图 3-16 所示。

图 3-16　安装离合器

任务工作单

项目	传动系统结构认识与拆装				
任务	检测离合器分离轴承、压盘、从动盘			姓名	
班级		组号		日期	
任务目的	能正确认识变速器的结构				
	能对变速器实施拆装				

续表

资讯	1. 离合器总成的组成与安装位置 2. 离合器的功用 3. 离合器的常见故障
工作任务	1. 对离合器的结构进行认识,识别传动机构部件的安装位置 2. 对离合器实施拆装 3. 对离合器的结构进行检测 4. 实施离合器的拆装检测练习
分析计划	根据工作任务,确定所需工具、设备等,并制订小组工作计划: 1. 讨论确定所需仪器、工具及辅助资料 2. 团队协作,组织及人员分工 3. 明确拆装的变速器,制订拆装步骤及要求 4. 操作安全、规范注意事项及技术标准
实施	1. 依照制订的拆装步骤完成各作业项目,并观察各部件,描述其名称,能认识的部件打"√",不能认识的打"×",同时指出该部件所属系统或机构 2. 拆卸过程中明确技术标准,仔细观察各零部件的型号及其螺栓扭力大小 3. 按正确顺序和技术标准完成装配任务 请依照以上要求完成下表: | 序号	部件名称	所属机构	认识	考核
---	---	---	---	---
1				
2				
3				
4				
5					
分析计划	自评项根据自己对任务的完成情况进行评估并提出改进意见;教师评估可纳入任务实施过程中或对照上表随机选取几个项目评估。总评采用合格和不合格两级评价。 	序号	评估项目	自评	教师评估
---	---	---	---
1	离合器的结构部件认识与拆装		
2	离合器的结构部件检测		
3	离合器的常见故障分析		
4	安全操作规范		
5	总评			 任务实施心得:

四、知识考核

1. 说出图3-17所示离合器的名称,指明图中各标号所代表的零件名称。

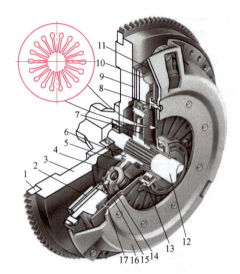

图 3-17 离合器

2. 指明图 3-18 中带扭转减振器的从动盘各部分零件名称。

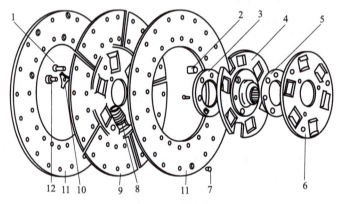

图 3-18 从动盘

任务 3.2　变速器的结构认识与拆装

学习任务描述

一辆桑塔纳 2000 轿车,搭载 AJR 型 1.8L 发动机,手动变速器。用户反映该车变速器存在变速杆自动跳到空挡位置的现象,经诊断,确定该车存在以下故障。

(1) 汽车在某挡位行驶过程中,受到冲击载荷时,变速杆自动跳到空挡,挡位齿轮脱离啮合状态。初步判定是变速器跳挡。

(2) 挂挡费力或不能挂挡。

(3) 变速杆处于空挡位置时,发出"哗哗"或者"当啷"的响声。

变速器也称变速箱,是汽车传动系统中最主要的部件之一。由于发动机的转矩变化范围小,不能满足牵引力和车速在相当大范围内变化的使用要求,所以传动系统中设置了变速器来解决这一问题。本部分内容重点介绍手动变速器的结构及检修。

一、任务导入

完成本学习任务后,应当能:

(1) 对变速器的变速传动机构进行认识,识别传动机构部件的安装位置;

(2) 对同步器进行认识,进行拆装练习;

(3) 对变速器的操纵机构进行认识,识别操纵机构部件的安装位置;

(4) 实施手动变速器的拆装练习;

(5) 为客户提供正确使用变速器维修的资讯。

建议完成本学习任务为 14 学时。

二、信息资讯

1. 变速器的功用

汽车上采用的大多是往复活塞式发动机,其转矩和转速变化范围较小,而汽车实际行驶的道路条件非常复杂,要求汽车的牵引力和行驶速度必须能够在相当大的范围内变化。另外,活塞式发动机的旋转方向是一定的,而汽车在实际行驶的过程中常常需要倒车行驶。为此,在汽车传动系统中设置了变速器。

(1) 改变传动比　改变传动比即改变汽车的行驶速度和驱动力。汽车在行驶的过程中,受道路和气候条件等各种使用条件的限制,车速和驱动力在很大范围内不断变化,而发动机输出的转速和转矩的变化范围有限,因此,可通过变速器来改变传动比,改变发动机的转矩和转速,使作用在驱动轮上的驱动力足以克服各种外界的阻力,保证汽车正常行驶。

(2) 改变汽车的行驶方向　变速器设有倒车挡,在保证发动机旋转方向不变的情况下,能使驱动轮反向旋转。

(3) 切断动力传递　在发动机不停止运转的情况下,可切断发动机的动力输出,便于汽车的起动、急速和换挡。

2. 变速器的变速传动机构

变速传动机构是变速器的主体。桑塔纳2000型采用的是两轴式手动变速器（不包括倒挡轴）。

(1) 两轴式变速器　两轴式变速器多用于发动机前置、前轮驱动的轿车。其特点是输入轴与输出轴平行，无中间轴，各前进挡经过一对齿轮传递动力，输出轴的输出端直接连接主减速器主动齿轮。所有各前进挡都有一对齿轮啮合传动，其主动齿轮都安装在输入轴上，从动齿轮都安装在输出轴上，各挡的传动比都等于该挡从动齿轮齿数与主动齿轮齿数之比值。变速器在前进挡时，其输出轴旋转方向与输入轴旋转方向相反，倒挡则是在输入轴与输出轴之间加装一根倒挡轴和倒挡齿轮，使其输出轴的方向与前进挡的方向相反，从而使汽车倒车行驶。目前，我国常见的国产轿车均采用发动机前置、前轮驱动，如桑塔纳、捷达和富康等。

前置发动机又有纵向布置和横向布置两种形式，故与其配用的两轴式变速器也有两种不同的形式。桑塔纳2000型用的是发动机纵向布置的两轴变速器。

(2) 结构　如图3-19所示为发动机纵向布置的传动系统布置示意图。主减速器齿轮和差速器齿轮布置在离合器和变速器之间，主减速器齿轮为一对圆锥齿轮。奥迪100、桑塔纳2000轿车均采用此种布置形式。图3-20所示为桑塔纳2000型轿车两轴式变速器实物图。

桑塔纳轿车的变速器有两个系列：一是普通型桑塔纳用的四挡变速器，二是桑塔纳2000型用的五挡变速器。五挡变速器是在四挡变速器的基础上改进的，其结构形式与四挡变速器基本一致，所不同的是五挡变速器比四挡变速器多了一对常啮合齿轮和一个五挡同步器。图3-21所示为桑塔纳2000型轿车两轴式变速器传动机构示意图。

图3-21中，输入轴的一、二挡齿轮与轴一体，三、四、五挡齿轮通过轴承空套在轴上，倒挡主动齿轮与轴一体。输出轴的一、二挡齿轮通过轴承空套在轴上，三、四、五挡齿轮与轴通过花键连接。一、二挡同步器装在输出轴上，三、四挡同步器和五挡同步器装在输入轴上。变速壳体的右端装有倒挡轴，倒挡中间齿轮通过滚针轴承套装在倒挡轴上。

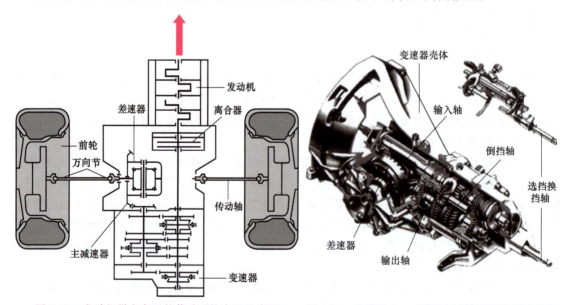

图3-19　发动机纵向布置的传动系统布置示意图　　图3-20　桑塔纳2000型轿车两轴式变速器实物图

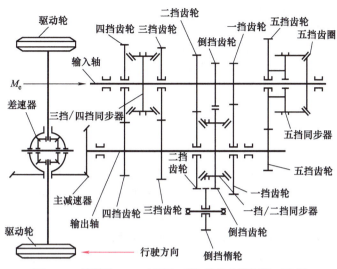

图 3-21 桑塔纳 2000 型轿车两轴式变速器机构示意图

3. 同步器

(1) 手动变速器的换挡方式　手动变速器的换挡装置有直齿滑动齿轮式换挡、接合套式换挡和同步器式换挡 3 种。

① 直齿滑动齿轮式换挡　直齿滑动齿轮式换挡形式用在采用直齿齿轮传动的挡位。它是通过直接移动啮合齿轮副中的一个齿轮，使之与另一个齿轮进入啮合或者退出啮合，从而实现挂挡或退挡。由于直齿齿轮传动的噪声大、冲击大、承载能力低，而且极易出现打齿现象，因此，变速器中的直齿齿轮传动及滑动齿轮式换挡方式除了倒挡外已经不再应用。

② 接合套式换挡　接合套换挡装置用于常啮合斜齿轮传动的挡位。这种装置由于其接合齿短、换挡时拨叉移动量小，故操作轻便，且换挡元件受冲击的工作面增加，使得换挡冲击减小，换挡元件的寿命增长。

③ 同步器式换挡　同步器式换挡是在接合套式换挡机构的基础上加装了同步元件而构成的一种换挡装置。它可以保证换挡时使接合套与待接合的齿圈的圆周速度迅速相等，即迅速达到同步状态，并防止两者在同步之前进入啮合，从而可以消除换挡的冲击，并使换挡操作平顺、简捷和轻便。

目前，几乎所有的轿车均采用同步器式换挡。

(2) 同步器的功用　由于变速器输入轴与输出轴以各自的速度旋转，变换挡位时存在一个"同步"问题。两个旋转速度不一样的齿轮强行啮合必然会发生冲击碰撞，损坏齿轮。因此，旧式变速器的换挡要采用"两脚离合"的方式，升挡在空挡位置停留片刻，减挡要在空挡位置加油门，以减少齿轮的转速差。但这个操作比较复杂，难以精确掌握。因此，现代汽车上广泛采用同步器，通过同步器使将要啮合的齿轮达到一致的转速而顺利啮合。

同步器的功用是使接合套与待啮合的齿圈迅速同步，缩短换挡时间，且防止同步前啮合而产生冲击打齿。

(3) 锁环式惯性同步器的构造与工作原理　如图 3-22 所示为锁环式惯性同步器的零件图。它主要由接合套、花键毂、锁环、滑块、定位销及弹簧圈组成。花键毂 7 与第二轴用花键连接，并用垫片和卡环作轴向定位。在花键毂两端与齿轮 1 和 4 之间，各有一个青铜制成的锁环（也称同步环）9 和 5。锁环上有短花键齿圈，花键齿的断面轮廓尺寸与齿 1、4 及花键毂 7 上的外花键齿均相同。在两个锁环上，花键齿对着接合套 8 的一端都有倒角（称锁止角），且与接合套齿端的倒角相同。锁环具有与齿轮 1 和 4 上的摩擦面锥度相同的内锥面，内锥面上制出细牙的螺旋槽，以便两锥面接触后破坏油膜，增加锥面间的摩擦。3 个滑块 2 分别嵌合在花键毂的 3 个轴向槽 11 内，并可沿槽轴向滑动。在两个弹簧圈 6 的作用下，滑块压向接合套，使滑块中部的凸起部分正好嵌在接合套中部的凹槽 10 中，起到空挡定位作用。滑块 2 的两端伸入锁环 9 和 5 的 3 个缺口 12 中。只有当滑块位于缺口 12 的中央时，接合套与锁环的齿方可能接合。

接合套、同步锁环和待接合齿轮的齿圈上均有倒角（锁止角），同步锁环的内锥面与待接合齿轮齿圈外锥面接触产生摩擦。锁止角与锥面在设计时已作了适当选择，锥面摩擦使得待啮合的齿套与齿圈迅速同步，同时又会产生一种锁止作用，防止齿轮在同步前进行啮合。当同步锁环内锥面与待接合齿轮齿圈外锥面接触后，在摩擦力矩的作用下齿轮转速迅速降低（或升高）到与同步锁环转速相等，两者同步旋转，齿轮相对于同步锁环的转速为零，因而惯性力矩也同时消失，这时在作用力的推动下，接合套不受阻碍地与同步锁环齿圈接合，并进一步与待合齿轮的齿圈接合而完成换挡过程。

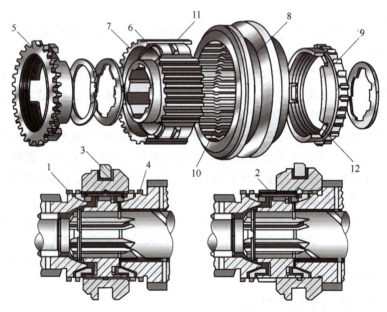

图 3-22 锁环式惯性同步器的零件图

1—第一轴齿轮；2—滑块；3—拨叉；4—第二轴齿轮；5,9—锁环；6—弹簧圈；7—花键毂；
8—接合套；10—凹槽；11—安装滑块的轴向槽；12—锁环上的缺口

4．变速器的操纵机构

（1）变速器操纵机构的功用与要求

① 变速器操纵机构的功用　根据汽车使用条件，保证驾驶员能准确可靠地将变速器挂入所需要的挡位，并可随时退至空挡。

② 变速器操纵机构的要求

a．设有自锁装置，防止变速器自动换挡和自动脱挡；

b．设有互锁装置，保证变速器不会同时换入两个挡，以免发动机熄火或损坏；

c. 设有倒挡锁，防止误换倒挡，否则会发生安全事故。

（2）操纵机构的安全装置　为了保证变速器能够准确地挂入选定的挡位，并且能够可靠地在选定的挡位上工作，变速操纵机构设有定位锁止装置。

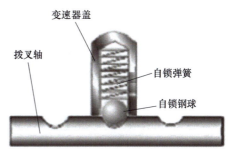

图 3-23　自锁装置

① 自锁装置　自锁装置防止自动脱挡或挂挡，并保证轮齿以全齿宽啮合。变速器的自锁装置由自锁钢球和自锁弹簧组成，如图 3-23 所示。每根拨叉轴的上表面沿轴向分布有 3 凹槽，当任何一根拨叉轴连同拨叉轴向移动到空挡或某一工作挡位的位置时，必有一个凹槽正好对准自锁钢球。于是自锁钢球在自锁弹簧压力作用下嵌入该凹槽内，拨叉轴轴向位置被固定，从而拨叉连同滑动齿轮（或接合套）也被固定在空挡或某一工作挡位上，不能自行脱出。

换挡时，驾驶员对拨叉轴施加一定的轴向力，克服自锁弹簧的压力将钢球由拨叉轴的凹槽中挤出推回孔中，拨叉轴和拨叉又能轴向移动。

② 互锁装置　互锁装置防止同时挂上两个挡位。

互锁装置主要由互锁钢球及互锁销组成。互锁销装在中间拨叉轴的孔中，其长度相当于拨叉轴直径减去互锁钢球的半径，互锁钢球装于变速器盖的横向孔中。在空挡位置时，左右拨叉轴在对着钢球处有深度相当于钢球半径的凹槽，中间拨叉轴则左右均开有凹槽，凹槽中开有装锁销的孔。这种互锁装置可以保证变速器只有在空挡位置时，驾驶员才可以移动任一个拨叉轴挂挡。若某一拨叉轴被移动而挂挡时，另两个拨叉轴便被互锁装置固定在空挡位置而不可能再轴向移动。

③ 倒挡锁装置　倒挡锁的作用是驾驶员挂倒挡时，必须对变速杆施加较大的力，才可换上倒挡，起提醒作用，以防误挂倒挡。变速器上多采用弹簧锁销式倒挡锁。

三、任务实施

1. 技术标准与要求

利用汽车维修手册及实训资料，依据任务工作单制订工作计划，并通过小组自评或互评检查工作计划。

认识变速器各部分的结构，识别各机构的组成，确定各部件的安装位置。

完成手动变速器的拆装。

2. 操作步骤

依照任务工作单的引导，观察认识所用变速器解剖模型的主要机构及系统组成，查找各主要部件的安装位置，并填写任务工作单。

合理选择工具，并正确使用各类工具完成变速器的拆装。拆装过程中，请参考维修手册，严格按照相关技术标准和要求完成拆装任务。

第一步　变速器的拆卸

（1）拆卸五挡齿轮罩盖，如图 3-24 所示。

图 3-24 拆卸变速器壳体盖

图 3-25 拆卸齿轮罩盖

（2）拆下倒挡轴固定螺栓，拆下两个法兰轴，拆下换挡轴，将变速器壳体紧固螺栓按对角线交叉法旋松并卸下，把变速器壳体小心向上撬起，取下变速器壳体，如图 3-25 所示。

（3）取出差速器，如图 3-26 所示。

（4）取下主减速齿轮及倒挡齿轮，如图 3-27 所示。

图 3-26 拆卸差速器

图 3-27 拆卸主减速器及倒挡齿轮

（5）拆下拨叉。

（6）取下输入轴和输出轴。

第二步　结构认识

（1）对输入轴、输出轴和同步器进行解体。

（2）观察变速器输入轴、输出轴、倒挡轴、拨叉及同步器的结构特点，熟悉各零部件的名称和相互连接关系及作用。

（3）仔细观察变速器内齿轮啮合情况。

第三步　装配

装配顺序与拆卸顺序相反。

（1）装配时，应注意安全。

（2）正确使用工具，严格遵照拆装顺序。

（3）装配时各轴应在空挡位置。

（4）装配输入轴、输出轴、主减速齿轮轴及主减速器时，注意轴承预紧力。

（5）在装入变速器壳时，注意接触面密封情况。

（6）装配好变速器。

项目三 传动系统检修与拆装

任务工作单

项目	传动系统结构认识与拆装				
任务	变速器结构认识与拆装			姓名	
班级		组号		日期	
任务目的	能正确认识变速器的结构				
	能对变速器实施拆装				
资讯	1. 变速器的功用 2. 两轴式变速器的结构特点 3. 五挡变速器的各挡动力传递路线 4. 同步器的功用 5. 变速器的锁止机构有哪些				
工作任务	1. 对变速器的变速传动机构进行认识,识别传动机构部件的安装位置 2. 对同步器进行认识,实施拆装 3. 对变速器的操纵机构进行认识,识别操纵机构部件的安装位置 4. 实施手动变速器的拆装练习				
分析计划	根据工作任务,确定所需工具、设备等,并制订小组工作计划: 1. 讨论确定所需仪器、工具及辅助资料 2. 团队协作,组织及人员分工 3. 明确拆装的变速器,制订拆装步骤及要求 4. 操作安全、规范注意事项及技术标准				
实施	1. 依照制订的拆装步骤完成各作业项目,并观察各部件,描述其名称,能认识的部件打"√",不能认识的打"×",同时指出该部件所属系统或机构 2. 拆卸过程中明确技术标准,仔细观察各零部件的型号及其螺栓扭力大小 3. 按正确顺序和技术标准完成装配任务 请依照以上要求完成下表:				

序号	部件名称	所属机构	认识	考核
1				
2				
3				
4				

自评项根据自己对任务的完成情况进行评估并提出改进意见;教师评估可纳入任务实施过程中或对照上表随机选取几个项目评估。总评采用合格和不合格两级评价。

	序号	评估项目	自评	教师评估
分析计划	1	变速器传动机构部件认识与拆装		
	2	变速器同步器认识与拆装		
	3	变速器操纵机构部件认识与拆装		
	4	变速器锁止机构部件认识		
	5	安全操作规范		
	6	总评		

任务实施心得:

四、知识考核

在图 3-28 所示变速器中,序号 19 为输入轴,序号 21 为输出轴,分析变速器各前进挡的动力传递路线。

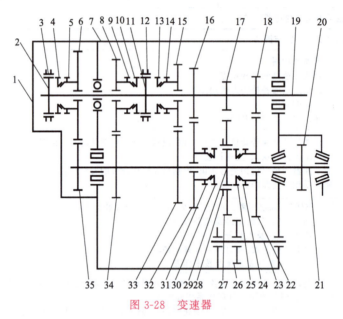

图 3-28　变速器

任务 3.3　万向传动装置检修与拆装

学习任务描述

某汽车因底盘异响进厂维修，估计是传动轴总成出现故障，需要对车辆传动轴总成进行检查，确定故障部位，并维修或更换。

由于汽车万向传动装置外露在底盘，常处于高速旋转的工作条件下，万向节和万向节护套容易损坏，容易导致汽车产生异常噪声，影响相关系统的性能，所以需要对汽车万向传动装置进行定期检查。

变速器的输出轴中心线与驱动桥输入轴的中心线难以重合，在行驶过程中由于路面不平、行驶车速发生变化等而使车辆产生振动，都会引起两轴相对位置经常发生变化。所以变速器输出轴与驱动桥输入轴不可能刚性连接，必须采用万向传动装置来连接。

一、任务导入

完成本学习任务后，应当能：
（1）叙述万向传动装置的作用和种类；
（2）识别汽车传动轴，完成万向传动装置的基本检查；
（3）完成前轮驱动轴拆装更换；
（4）运用所学知识分析万向传动装置的典型故障。
建议完成本学习任务为 12 学时。

二、信息资讯

1. 万向传动装置的作用和组成
（1）万向传动装置作用：用来实现在汽车轴间夹角且位置相对变化的两个转轴之间传递动力。
（2）万向传动装置组成：一般由万向节、传动轴和支承传动轴的中间支承组成。

2. 万向传动装置安装位置

观察图 3-29，查阅相关资料。

图 3-29　万向传动装置

3. 万向节的类型

万向节是万向传动装置中实现变角度传动的主要部件，分为刚性万向节和挠性万向节两种类型。

刚性万向节又分为不等速万向节（十字轴式）、准等速万向节（双联式、三销轴式等）和等速万向节（球笼式、球叉式等）。

（1）十字轴式万向节　十字轴式万向节结构简单、工作可靠，两个万向节叉中的一个被焊接到传动轴上，另一个万向节叉则形成一个类似凸缘或接合套筒的整体。为了防止轴承外圈在驱动轴高速旋转时飞脱，用卡环或锁止板来紧固整体外圈型轴承中的轴承外圈。如图3-30所示。

十字轴式万向节允许所连接的两轴之间有较大夹角，因此在汽车上应用最为普遍。

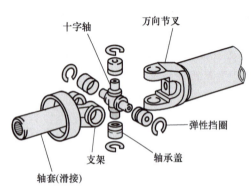
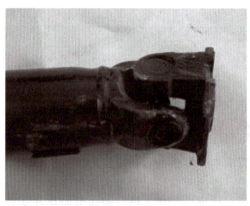

图 3-30　十字轴刚性万向节

（2）球叉式万向节　球叉式万向节的构造如图 3-31 所示，由主动叉、从动叉、四个传动钢球和定心钢球组成。其主动叉、从动叉分别与内、外半轴制成一体，叉内各有四条曲面凹槽，装合后，形成两条相交的环槽，作为钢球的滚道。四个传动钢球装在槽中，定心钢球装在两叉中心凹槽内，以定中心。

球叉式万向节结构简单。但由于工作时只有两个钢球传力，而另外两个钢球在反转时传力，因此钢球与滚道之间的接触压力大，磨损快，影响其使用寿命。所以，球叉式万向节通常使用在中、小型越野汽车转向驱动桥上。

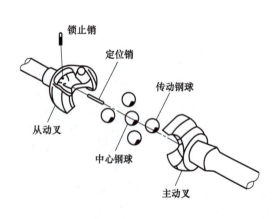
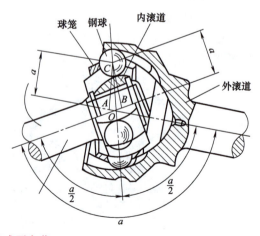

图 3-31　球叉式万向节

(3) 球笼式万向节　如图 3-32 所示，球笼式万向节由内滚道、球笼、外滚道及钢球组成。内球座的外表面有六条曲面凹槽，形成内滚道。外球座与带外花键的外半轴制成一体，内表面制有相应的六条曲面凹槽，形成外滚道。六个钢球分别装在六条凹槽中，并用球笼使之保持在一个平面内。

球笼式万向节有轴向滑动的特性，寿命长，刚度高，不但满足了车轮转向性能的要求，还具有结构简单、尺寸小、质量轻等优点。

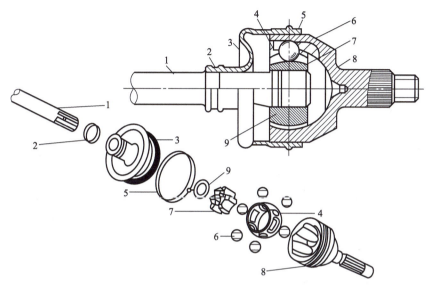

图 3-32　球笼式万向节

1—主动轴；2,5—钢带箍；3—外罩；4—保持架（球笼）；6—钢球；
7—星形套（内滚道）；8—球形壳（外滚道）；9—卡环

三、任务实施

任务　检查和更换传动轴、等速万向节及橡胶护套

1. 技术标准与要求

(1) 安装桑塔纳轿车传动轴、等速万向节及橡胶护套。
(2) 安装传动轴时，应保持传动轴与轮毂花键的齿面清洁。
(3) 螺栓与螺母紧固力矩应符合维修手册规定。

2. 实训器材

卡簧钳、一字螺丝刀、常用组合工具、拉拔器、润滑脂、撬棒等。

3. 操作步骤

第一步　拆卸传动轴

(1) 了解相应车型维修手册中桑塔纳轿车传动轴、等速万向节及橡胶护套的技术标准和要求，完成工具准备，查阅技术要求及标准。
(2) 拆卸轮毂固定螺栓：使用工具拆卸轮胎螺母，拆下轮胎。并用专用工具撬起芯轴螺母上的锁紧凸舌，然后用工具拆卸半轴的芯轴螺母。
(3) 拆卸悬架部分各铰接球头：使用专用工具拧松上球头固定螺母，并取下上球头。

（4）排放手动变速器油：准备废油集滤器和工具，拧松变速器放油螺栓，排放变速器油。排油完成后，更换放油螺栓垫圈，并用扭力扳手按规定力矩拧紧变速器放油螺栓（要按维修手册要求拧紧螺栓，否则可能导致螺栓滑牙或渗油）。

（5）拆卸传动轴（图 3-33）：固定拉器，调整丝杆长度，使丝杆锥端顶住传动轴中心孔，最后将螺杆紧固，顶出传送轴。

图 3-33　拆卸传动轴

（6）拆卸等速万向节（图 3-34）：在内侧万向节和外侧万向节上做好装配记号，拆卸卡箍，脱开万向节橡胶护罩。

图 3-34　拆卸等速万向节

（7）检修万向传动装置。

① 检修万向节：检查护套有无裂纹或漏油，如有进行更换；零部件是否有损伤，如有更换整个万向节；万向节间间隙是否明显，如有进行更换。

② 检修防尘罩：检查防尘罩是否破裂、挡圈及座圈是否失效。若失效应予更换。

③ 检修传动轴：目视检查传动轴是否有碰撞或敲击痕迹，较明显弯曲及花键损伤等（传送轴损伤后，其动平衡被破坏，传动时会导致车辆共振发生）。

第二步　装配

装配顺序与拆卸顺序相反。

（1）拆装时，应注意安全。

（2）正确使用工具，严格遵照拆装顺序。

（3）装配时各轴应在空挡位置。

任务工作单

项目	传动系统结构认识与拆装			
任务	万向传动装置的拆装与检修		姓名	
班级		组号	日期	
任务目的	能正确认识万向传动装置的结构			
	能对万向节实施拆装			
资讯	1. 万向节的作用、组成 2. 万向装置的安装位置 3. 万向装置的分类 4. 不同万向节的特性			
工作任务	1. 叙述万向传动装置的作用和种类 2. 识别汽车传动轴，完成万向传动装置的基本检查 3. 完成前轮驱动轴拆装更换 4. 运用所学知识分析万向传动装置的典型故障			
分析计划	根据工作任务，确定所需工具、设备等，并制订小组工作计划 1. 讨论确定所需仪器、工具及辅助资料 2. 团队协作，组织及人员分工 3. 明确拆装检修万向节的步骤及要求 4. 操作安全、规范注意事项及技术标准			

续表

	1. 依照制订的拆装步骤完成各作业项目,并观察各部件,描述其名称,能认识的部件打"√",不能认识的打"×",同时指出该部件所属系统或机构 2. 拆卸过程中明确技术标准,仔细观察各零部件的型号及其螺栓扭力大小 3. 按正确顺序和技术标准完成装配任务				
实施	请依照以上要求完成下表:				
	序号	部件名称	所属机构	认识	考核
	1				
	2				
	3				
	4				
	5				
分析计划	自评项根据自己对任务的完成情况进行评估并提出改进意见;教师评估可纳入任务实施过程中或对照上表随机选取几个项目评估。总评采用合格和不合格两级评价。				
	序号	评估项目	自评	教师评估	
	1	万向装置位置的认识			
	2	传动轴拆装			
	3	万向节的拆装			
	4	安全操作规范			
	5	总评			
	任务实施心得:				

四、知识考核

图 3-35 是什么形式的万向节?请标出图中保持架、星形套、球形壳、钢球等构件的序号。

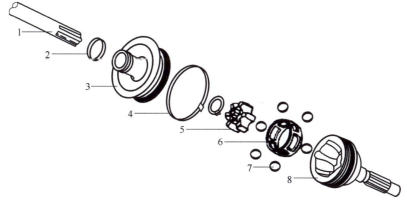

图 3-35　万向节

任务 3.4 主减速器和差速器结构认识与拆装

学习任务描述

某后轮驱动汽车因主减速器内部故障导致驱动桥发出不正常的异响,需要对主减速器分解检测,确定故障部位,并对其进行维修或更换。

主减速器总成是驱动桥的重要组成部分,驱动桥处于动力传动系统的末端,是将万向传动装置传递过来的动力改变方向,并由主减速器来降低转速增大转矩,然后经过差速器分配给左右半轴和驱动轮。

在主减速器总成进行大修时,需要对相关零件进行检测,并根据检测结果进行调整、修复或更换,以恢复主减速器正常的技术状况。

一、任务导入

完成本学习任务后,应当能:
(1) 叙述后轮驱动汽车驱动桥的组成及零部件作用;
(2) 叙述差速器的作用及工作原理;
(3) 完成分解、检查、装配及调整主减速器和差速器任务。
建议完成本学习任务为 12 学时。

二、信息资讯

1. 主减速器的作用、安装位置和类型

主减速器是传动系统减速增扭的重要装置之一,若发动机纵置,还将改变动力传递的方向,并传给差速器。

(1) 主减速器的作用　主减速器的作用是通过改变主减速比来增大输入转矩,相应降低转速,并且主减速器在发动机纵置时可改变转矩旋转方向。

(2) 主减速器的安装位置　主减速器安装在驱动桥上,驱动桥主要由主减速器、差速器、半轴和驱动桥壳组成,如图 3-36 所示(驱动桥的组成)。

(3) 主减速器的类型　目前,轿车和一般轻、中型货车都采用单级主减速器(图 3-37),可以满足汽车动力性的要求,它具有结构简单、体积小、重量轻和传动效率高等优点。单级主减速器的减速传动机构为一对准双曲面齿轮,主动齿轮有 6 个齿,从动齿轮有 38 个齿,故其传动比 $i=38:6=6.33$。

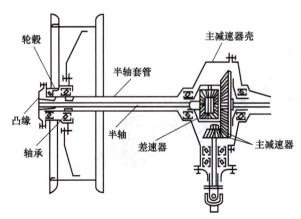

图 3-36　驱动桥的组成

项目三 传动系统检修与拆装

根据发动机特性和车辆使用条件,要求主减速器具有较大的主传动比时,由一对锥齿轮构成的单级主减速器已无法保证足够的最小离地间隙,这时需要采用两对齿轮实现降速的双级主减速器(图3-38)。双级齿轮式主减速器主要由两对常啮合的齿轮组成,其中一对为锥齿轮,另一对为圆柱齿轮或圆柱斜齿轮,一些中型或重型汽车采用双级主减速器。

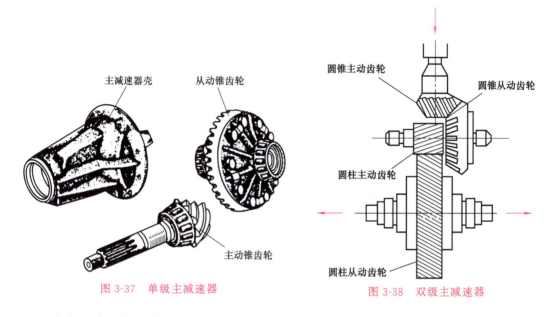

图3-37 单级主减速器　　　　图3-38 双级主减速器

2. 差速器的组成、作用

(1) 差速器的组成　根据图3-39所示(差速器的组成),查询相关资料,将表3-2补充完整。

表3-2 差速器的组成

序号	名称	序号	名称	序号	名称
1		5		9	
2		6		10	
3		7		11	
4		8		12	

(2) 差速器的作用　差速器的作用是将主减速器传来的动力传给左右两半轴,并在转向时允许左、右半轴以不同转速旋转,以满足两侧驱动轮差速的需要。

① 汽车直线行驶时的差速器运动　当汽车正常直线行驶时,行星齿轮只同差速器壳一起绕轴线旋转(公转),左、右半轴齿轮角速度相等,此时无差速作用。

② 汽车转弯行驶时的差速器运

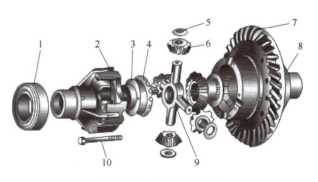

图3-39 差速器的组成

动 当汽车转弯行驶时，两侧车轮所遇到的阻力不同，内侧车轮比外侧车轮所遇阻力大，结果使得行星齿轮顺时针旋转，当行星齿轮除了公转，还要绕自身轴线以某一转速自转时，则左半轴齿轮的转速将在原转速的基础上，重叠一个因行星齿轮自转引起的转速，同时，右半轴齿轮则减去一个大小相同、转向相反的转速，对于左右半轴齿轮来说，其转速的总和保持不变。

三、任务实施

任务　主减速器和差速器的拆装

1．技术标准与要求
（1）拆解驱动桥总成。
（2）查阅维修手册，合理分工制订计划。
（3）查找各拆解部件位置，填写任务工单。

2．实训器材
维修手册、平头冲、轴承顶拔器、组合专用工具、润滑脂、撬棒等。

3．操作步骤

第一步　主减速器及差速器总成的拆装

首先在驱动桥总成中旋下半轴螺栓，抽出左右半轴，然后旋下主减速器壳体和桥壳连接螺栓，取下主减速器及差速器总成。
（1）取下差速器主轴承，取下调整螺母及轴承垫圈。
（2）取下差速器总成，取下从动圆锥齿轮。
（3）用平头冲取下一字轴定位销，敲出一字轴。
（4）旋转半轴齿轮，取下半轴齿轮和行星齿轮。
（5）松下主减速器输入轴（主动齿轮轴）法兰螺母，取下防尘罩，从主减速器壳后部取下主动圆锥齿轮轴及轴承内圈和轴承架组件。
（6）从主动齿轮轴上取下轴承。
（7）用专用工具取下前油封和前轴承及调整垫片。
（8）用轴承顶拔器从两个方向拉出前两个轴承的外圈。
（9）按照拆卸的相反顺序装配。
主减速器及差速器零件分解如图3-40所示。

第二步　主减速器及差速器总成的装配

（1）主减速器的装配
① 首先将主动锥齿轮两个支承滚柱轴承的外圈压入主减速器壳中。
② 将前端轴承内圈及滚柱装在主动齿轮轴上，再装上隔离套、调整垫片，然后将小齿轮部分组件从主减速器壳后部装入壳中。
③ 从主减速器壳前端往主动齿轮轴上装入外端支承轴承的内圈及滚柱组件。
④ 从主动齿轮轴前端装入油封、垫圈，然后把传动轴防尘罩组件装到轴上。
⑤ 加入垫圈后调整旋入紧固螺母，按规定力矩旋紧后，用锁止垫片锁止。
⑥ 检查、调整主动齿轮轴承的预紧力。

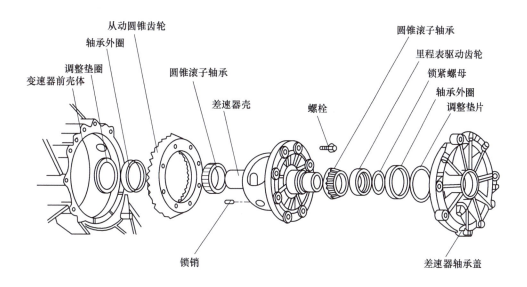

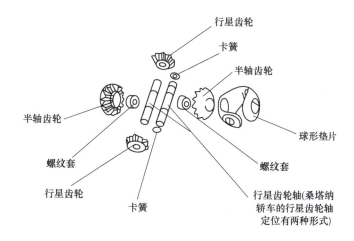

图 3-40　零件分解图

(2) 差速器的装配

① 装差速器轴承。安装差速器轴承内圈时应用压力机平稳地压入，不得用手锤敲击，以免损伤轴承的工作表面。

② 装齿轮。先装入垫片和半轴齿轮，然后装入已经装好的行星齿轮及垫片、行星齿轮轴，并使行星齿轮与半轴齿轮啮合。

③ 从动齿轮的安装和差速器的装合。将主减速器从动齿轮装在差速器壳体上，将固定螺栓按规定方向穿过壳体，注意螺栓头的偏心位置，套入垫片，用规定力矩交替拧紧螺母，锁死锁片。

④ 从动齿轮和差速器总成在主减速器壳体上的安装。在主动齿轮组件已经装入主减速器壳体后，把已经组装在一起的从动齿轮及差速器总成，连同轴承外圈和调整螺母一起装入主减速器壳体中，通过旋转左右调整螺母，调整好轴承的预紧度。

任务工作单

项目	传动系统结构认识与拆装				
任务	主减速器和差速器的拆装			姓名	
班级		组号		日期	
任务目的	能正确认识驱动桥的结构 能对驱动桥实施拆装				
资讯	1. 驱动桥的组成 2. 主减速器的功用 3. 主减速器的组成 4. 差速器的功用 5. 差速器的组成				
工作任务	1. 对驱动桥进行总体结构认识 2. 实施主减速器和差速器的拆装练习				
分析计划	根据工作任务,确定所需工具、设备等,并制订小组工作计划: 1. 讨论确定所需仪器、工具及辅助资料 2. 团队协作,组织及人员分工 3. 明确拆装检修驱动桥的步骤及要求 4. 操作安全、规范注意事项及技术标准				

实施	1. 依照制订的拆装步骤完成各作业项目,并观察各部件,描述其名称,能认识的部件打"√",不能认识的打"×",同时指出该部件所属系统或机构 2. 拆卸过程中明确技术标准,仔细观察各零部件的型号及其螺栓扭力大小 3. 按正确顺序和技术标准完成装配任务 请依照以上要求完成下表:				
	序号	部件名称	所属机构	认识	考核
	1				
	2				
	3				
	4				
	5				

分析计划	自评项根据自己对任务的完成情况进行评估并提出改进意见;教师评估可纳入任务实施过程中或对照上表随机选取几个项目评估。总评采用合格和不合格两级评价。				
	序号	评估项目		自评	教师评估
	1	工具的选择和使用			
	2	主减速器和差速器的组成及部件认识			
	3	主减速器和差速器的拆装任务及技能			
	4	安全操作规范			
	5	总评			
	任务实施心得:				

四、知识考核

图 3-41 所示为哪种形式主减速器(单级主减速器、双级主减速器、单速主减速器、双速主减速器)?并指出标号 5、13、19 和 23 的名称。

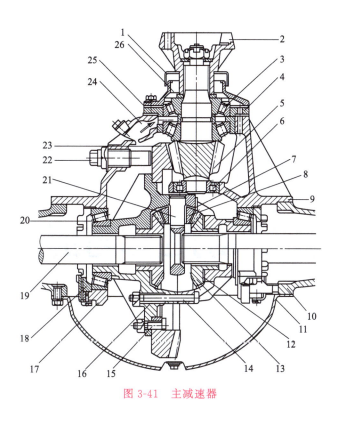

图 3-41 主减速器

项目四

行驶系统检修与拆装

任务 4.1 悬架的拆装与检修

> 学习任务描述

某顾客反映汽车行驶过程中感觉车身颠簸,有异响。请检查汽车悬架的工作情况,确诊损坏的元件,并按技术要求进行维修。

道路上行驶的轿车、载货汽车及其他车辆都有悬架。悬架的性能好坏对汽车行驶的安全性和舒适性起到至关重要的作用。刚性悬架或没有悬架的汽车,在轮胎接触路面时会出现弹起的现象,即使轮胎离开路面只有几分之一秒的时间,也可能导致汽车失去控制。

> 一、任务导入

完成本学习任务后,应当能:
(1) 掌握悬架的功能、机构、类型和工作原理;
(2) 识别悬架的组成和特点;
(3) 识别汽车不同结构的独立和非独立悬架系统;
(4) 实施汽车悬架系统下摆臂等部件的拆装。
建议完成本学习任务为 16 学时。

> 二、信息资讯

汽车悬架是连接车桥(或车轮)与车架(或承载式车身)的弹性传力装置,由它的弹性元件和阻尼元件所构成在车轮到车身之间的减振环节,来抑制汽车行驶中路面不平引起的车轮振动,起缓冲作用,保证乘员的舒适。

1. 汽车悬架在汽车上的安装位置及作用

（1）悬架的安装位置　如图4-1所示。

（2）悬架的作用　悬架装置是在车轮上借助弹簧使车身浮动的装置，它是由很多弹性元件构成的可动装置，如图4-2所示。

① 承载：承受汽车各方向的载荷。

② 传递动力：将车轮与路面间产生的驱动力传递给车身。

③ 缓冲：缓和路面状况不同引起的各种振动和冲击，提高乘坐的舒适性。

图4-1　悬架的安装位置

2. 汽车悬架组成

机械控制悬架系统主要是由弹性元件、导向装置和减振器三部分组成，图4-3为机械式汽车悬架的组成示意图。

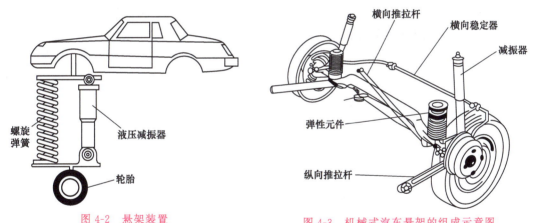

图4-2　悬架装置　　　　图4-3　机械式汽车悬架的组成示意图

（1）弹性元件　承受和传递垂直载荷，缓和及抑制不平路面所引起的冲击。使车架（或承载式车身）与车桥（车轮）之间保持弹性连接。

弹性元件指的是弹簧，现代轿车上被广泛采用的是螺旋弹簧（图4-4），其广泛应用于独立悬架，特别是前轮独立悬架中，其具有以下几个优点：高效吸收路面冲击产生的垂直力；加工和安装方便，价格低廉；体积小、质量小，可以满足车辆对空间的苛刻要求；提供柔软舒适的驾乘感受。但是由于螺旋弹簧只能承受垂直

图4-4　螺旋弹簧

载荷，用它做弹性元件的悬架要加设导向装置和减振器。

（2）减振器　用于衰减振动，提高乘坐舒适性。

（3）导向装置　用来传递除垂直力以外的各种力和力矩，并确定车轮相对于车架（或车身）的运动关系。

3．汽车悬架类型及特点

汽车悬架可分为非独立悬架和独立悬架，如图4-5所示。

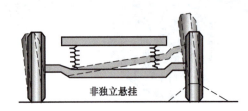
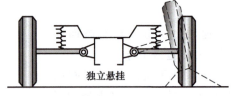

图4-5　非独立悬架与独立悬架

（1）非独立悬架　非独立悬架的结构特点是两侧车轮由同一根整体式车桥相连，车轮连同车桥一起通过弹性悬架与车架（或车身）相连，当一侧车轮因道路不平而发生跳动时，必然引起另一侧车轮在汽车横向平面内发生摆动。如图4-6所示。

非独立悬架结构简单、成本低廉，而且强度高，具有耐久性。但非簧载质量大，左右轮动作产生干涉，所以不利于乘坐舒适性及操纵稳定性。它主要适用于载重车。

（2）独立悬架　独立悬架的结构特点是车桥做成断开的，每一侧的车轮可以单独通过弹性悬架和车架（或车身）相连，两侧车轮可以单独跳动，互不影响。

独立悬架与非独立悬架相比，其结构复杂，造价昂贵。但非簧载质量小，车轮对路面的挤压力大，所以乘坐舒适性和操纵性较好，独立悬架常见的类型主要如图4-7所示，其中麦弗逊悬架在中级以下轿车上被广泛应用。

图4-6　非独立悬架

(a) 麦弗逊式悬架　　(b) 双摇臂式悬架

(c) 多连杆式悬架　　　　　　　　(d) 推杆式水平悬架

图 4-7　不同类型的独立悬架

三、任务实施

任务　检查和拆装悬架

1. 技术标准与要求
(1) 螺栓与螺母紧固力矩应符合维修手册规定。
(2) 查阅维修手册，合理分工制订计划。
(3) 查找各拆解部件位置，填写任务工单。
2. 实训器材
拉拔器、尖嘴钳、扭力扳手、常用工具一套、车内外护套。
3. 操作步骤

第一步　检查和更换前悬架下摆臂

(1) 拆卸前轮胎。
(2) 拆卸下摆臂（图 4-8）。
① 用记号笔在下摆臂球头螺母处做好装配记号。
② 用尖嘴钳将下摆臂球头紧固螺母的开口销取出，放置到零件架上。
③ 用开口扳手将下摆臂球头紧固螺母拧松并取下。
④ 使用拉拔器将下摆臂球头脱离转向节（严禁使用铁锤等直接敲击球头，否则将造成螺栓损伤）。
⑤ 使用工具将下摆臂和副车架的连接螺栓拆下。
(3) 检查下摆臂及球头（图 4-9）。
① 检查下摆臂是否有碰撞、敲击痕迹及变形现象（如有上述现象，应更换下摆臂）。
② 检查橡胶衬套，是否有偏磨、断裂及橡胶老化现象（如有上述现象，应更换橡胶衬套或下摆臂）。
③ 用手前后左右方向摆动球头销，检查是否有卡滞及阻力过大现象，并检查球头与下摆臂之间是否存在明显旷量。
④ 检查球头的橡胶防护罩，是否有老化、破裂现象（有则需要更换橡胶防护罩）。
⑤ 检查球头螺纹是否损坏。

图 4-8　拆卸下摆臂

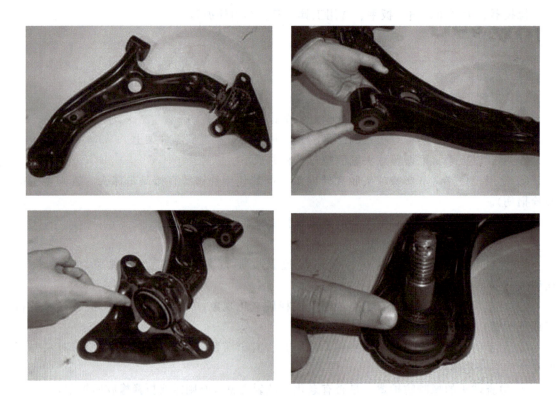

图 4-9　检查下摆臂及球头

(4)将下摆臂先安装到副车架上,并拧紧至维修手册要求力矩。

(5)安装前车轮,整理工位。

第二步 桑塔纳 2000 后桥与悬架系统总成拆卸

其后桥总成结构如图 4-10 所示。

(1)将驻车制动拉索从拉杆吊起,必要时脱开制动蹄。

(2)分开轴体上的制动管和制动软管,松开车身上的支承座,仅留一个螺母支承。

(3)用专用工具撑起后桥横梁,拆下排气管吊环,从车身上拧下支承座螺母,如图 4-10 所示;取下车室内减振器盖板。

(4)拆卸车身上的整个支承座,将驻车制动拉索从排气管上拉出,慢慢升起车辆,将后桥从车底部拆出。

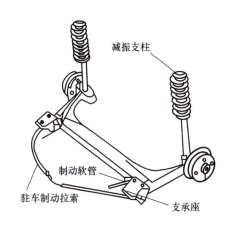

图 4-10 桑塔纳 2000 后桥总成

桑塔纳 2000GSi 轿车后悬架系统的安装可按拆卸相反的顺序进行,安装时应注意以下几点:

(1)将驻车制动拉索铺设在排气管上面,然后将后桥装到车身上。

(2)将减振动器支承座装入车身的支架上,并用螺母固定(表 4-1)。

表 4-1 减振器固定螺母规定力矩

项目	力矩/N·m	项目	力矩/N·m
减振器下端后桥固定螺母	70	后桥金属橡胶衬套固定螺母	70
减振器下端车身固定螺母	35	车轮固定螺母	90
支承座与车身固定螺母	45		

任务工作单

项目	传动系统结构认识与拆装			
任务	拆装检查悬架及下摆臂		姓名	
班级		组号	日期	
任务目的	能正确识别汽车悬架系统的类型 能正确认识汽车独立和非独立悬架系统的总体结构 能对汽车悬架系统等实施拆装			
资讯	1. 记录所用悬架的结构形式 2. 掌握悬架组成结构 3. 标注悬架各零部件的名称			
工作任务	1. 认识汽车悬架系统的类型 2. 对汽车独立和非独立悬架系统进行总体认识 3. 实施汽车悬架系统的减振器和弹性元件等部件拆装练习			
分析计划	根据工作任务,确定所需工具、设备等,并制订小组工作计划; 1. 讨论确定所需仪器、工具及辅助资料 2. 团队协作,组织及人员分工 3. 明确拆装检修驱动桥的步骤及要求 4. 操作安全、规范注意事项及技术标准			

续表

	1. 依照制订的拆装步骤完成各作业项目，并观察各部件，描述其名称，能认识的部件打"√"，不能认识的打"×"，同时指出该部件所属系统或机构 2. 拆卸过程中明确技术标准，仔细观察各零部件的型号及其螺栓扭力大小 3. 按正确顺序和技术标准完成装配任务 请依照以上要求完成下表：				
实施	序号	部件名称	所属机构	认识	考核
	1				
	2				
	3				
	4				
	5				
分析计划	自评项根据自己对任务的完成情况进行评估并提出改进意见；教师评估可纳入任务实施过程中或对照上表随机选取几个项目评估。总评采用合格和不合格两级评价。				
	序号	评估项目		自评	教师评估
	1	工具的选择和使用			
	2	悬架的组成及部件认识			
	3	悬架系统拆装任务及技能			
	4	安全操作规范			
	5	总评			
	任务实施心得：				

四、知识考核

图 4-11 所示为哪种形式的悬架？并指出标号的名称。

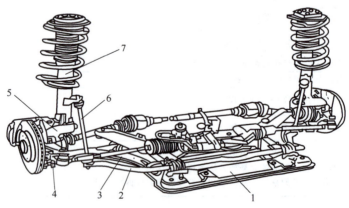

图 4-11　悬架

任务 4.2　车轮与车桥结构认识与拆装

学习任务描述

某车主反映汽车转弯后，转向盘回位不良并且在行驶时出现车辆跑偏现象，请对该车辆进行检测，并按技术要求进行调整和维修。

汽车跑偏是汽车直线行驶在平坦的道路上，自行向一侧方向偏向，导致汽车出现前后轴中心的连线与行驶轨迹的中心线不一致的行驶现象。跑偏轻则造成吃胎、轮胎报废，重则引发爆胎、车辆失控等危险状况的发生。

一般来说，车桥和悬架部分出现故障后，对行驶系统会产生较大的影响，同时，车架和车轮出现如：前轮定位参数是否正确，前后桥有无变形、位移，前后桥左右轮轴距是否一致等故障，也会使行驶系统产生不能正常工作的故障现象。

一、任务导入

完成本学习任务后，应当能：
(1) 能正确识别车轮的型号及车桥的类型，并能依据具体型号、类型查阅相关技术资料，分析主要参数；
(2) 能正确认识车桥及车轮总体结构；
(3) 能对车桥及车轮实施拆装。
建议完成本学习任务为 12 学时。

二、信息资讯

1. 车桥

车桥（也称车轴）通过悬架与车架（或承载式车身）相连，两端安装汽车车轮。其功能是传递车架（或承载式车身）与车轮之间各方向作用力。

车桥可以是整体式的，两端通过悬架系统支承着车身，因此整体式车桥通常与非独立悬架配合；车桥也可以是断开式的，各自通过悬架系统支承车身，故断开式车桥与独立悬架配用。

根据驱动方式的不同，车桥也分成转向桥、驱动桥、转向驱动桥和支持桥 4 种。其中，转向桥和支持桥都属于从动桥。大多数汽车采用前置、后驱动（FR），因此前桥作为转向桥，后桥作为驱动桥；而前置、前驱动（FF）汽车则前桥成为转向驱动桥，后桥充当支持桥。家用小轿车前桥一般为转向驱动桥，采用断开式车桥与独立悬架相互匹配。

2. 转向轮定位

为了保证汽车稳定直线行驶，应使转向轮具有自动回正作用。就是当转向轮在偶遇外力（如碰到石块）作用发生偏转时，在外力消失后，应能立即自动回到直线行驶的位置。这种自动回正作用是由转向轮定位参数来保证实现的。这些定位参数有主销后倾角、主销内倾角、前轮外倾角及前轮前束。

（1）主销后倾角：在纵向平面内，主销上部向后倾斜一个 γ 角（见图 4-12），称为主销后倾角。

主销后倾角影响汽车直线行驶的稳定性和转向轮的回正功能。正后倾角比较大，则前轮有沿直线行驶的趋势。一方面，如果正后倾角大小适当，则可以确保汽车的行驶稳定性，而且使转向轮在转向后能够回正；另一方面，正后倾角增加了转向阻力。

主销后倾角太小会使转向不稳定，并使车轮晃动。在极端的情况下，负后倾角与随之引起的车轮晃动会加剧前轮的杯状磨损。

（2）主销内倾角：在横向平面内，主销上部向内倾斜一个 β 角（见图 4-13），称为主销内倾角。

一定角度的主销内倾角使得汽车方向盘复位容易。此外，主销内倾角 β 还减小转向时驾驶员加在方向盘上的力，使转向操纵轻便，同时也可减少从转向轮传到方向盘上的冲击力。但主销内倾角也不宜过大，否则会加速轮胎的磨损。

（3）前轮外倾角：前轮外倾角前轮中心平面也不垂直于地面，而是向外倾斜一个角度 α 角〔见图 4-13（a）〕，称为前轮外倾角。

除上述主销后倾和内倾两个角度保证汽车稳定直线行使外，前轮外倾角也具有定位作用。一方面，如果空车时车轮安装正好垂直路面，则满载时，车桥将因承载变形，而可能出现车轮内倾，这样将加速车轮偏磨；另一方面，外倾角 α 可以减少轮毂外轴承及其锁紧螺母的载荷，增加了使用寿命，提高了安全性。一般前轮外倾角为 1° 左右，但对于有高速、急转向要求的车辆，前轮外倾角可减小甚至为负值。

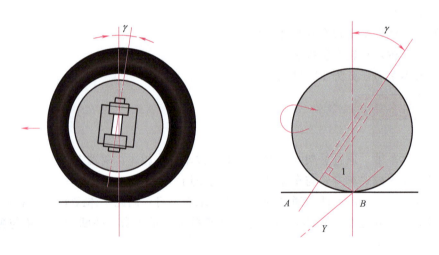

图 4-12　主销后倾角作用示意图

（4）前轮前束：前轮安装后，两前轮的旋转平面不平行，前端略向内倾，这种现象称为前束。

车轮有了外倾角后，在滚动时就类似于滚锥，从而导致两侧车轮向外滚开。由于转向横拉杆和车桥的约束使车轮不可能向外滚开，车轮将在地面上出现边滚边滑的现象，从而增加了轮胎的磨损。为了消除车轮外倾带来的这种不良后果，如图 4-14 所示，在安装车轮时，使汽车两前轮的中心面不平行，两轮前边缘距离 R 小于后边缘距离 A，两者的距离之差即为前轮前束。

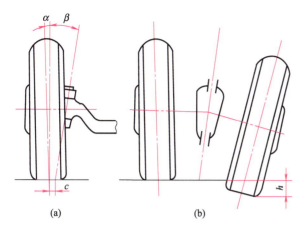

图 4-13 主销内倾角作用示意图

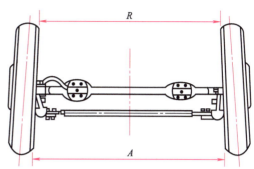

图 4-14 前轮前束（俯视图）

3. 车轮总成

车轮是汽车的行走部件，安装在车架上。其作用：可以绕车轴转动并沿地面滚动；支承整车；缓和由路面传来的冲击；通过轮胎与路面间存在的附着作用产生驱动力和制动力；使汽车保持直线行驶方向；承担越障并提高通过性。

车轮总成主要由车轮、轮胎等构成。

（1）车轮　汽车车轮主要有两种主要形式：辐板式和辐条式。

目前，普通轿车和轻、中型货车普遍采用辐板式车轮，这种车轮如图 4-15 所示。它由辐板孔、轮辋、辐板及气门嘴伸出口组成。车轮中用以连接轮毂和轮辋的钢质圆盘称为辐板，大多是冲压制成的，少数是与轮毂铸成一体，后者主要用于重型汽车。

辐条式车轮按辐条结构的不同，可分为钢丝辐条式车轮和铸造辐条式车轮。钢丝辐条式车轮的结构与自行车车轮完全一样，由于其价格昂贵、维修安装不便，故仅用于赛车和某些高级轿车上；另外，辐条式车轮还不能与无内胎轮胎组合使用。铸造辐条式车轮常用于重型货车上。

（2）轮胎　轮胎在行驶时承受着各种变形、载荷、力以及高低温作用，因此必须具有较高的承载性能、牵引性能、缓冲性能。同时，还要求具备高耐磨性和耐屈挠性，以及低的滚动阻力与生热性。

汽车轮胎按组成结构不同，可分为有内胎和无内胎两种。有内胎轮胎通常由外胎、内胎和垫带3部分组成；也有不需要内胎的（见图 4-16）；其胎体内层有气密性好的橡胶层，且需配专用的轮辋。

目前家用轿车广泛使用的是无内胎的子午线轮胎（见图 4-17）。轮胎按胎体中帘线排列的方向不同划分为斜交线轮胎、子午线轮胎。子午线轮胎与斜交线轮胎的根本区别在于胎体。斜交线轮胎的胎体是斜线交叉的帘布层；而子午线轮胎的胎体是聚合物多层交叉材质，其顶层是数层由钢丝编成的钢带帘布，可减少轮胎被异物刺破的几率。

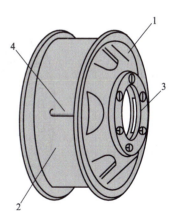

图 4-15 辐板式车轮

1—辐板孔；2—轮辋；3—辐板；
4—气门嘴伸出口

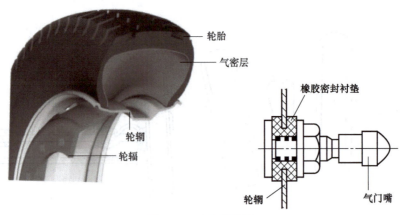

图 4-16　无内胎轮胎

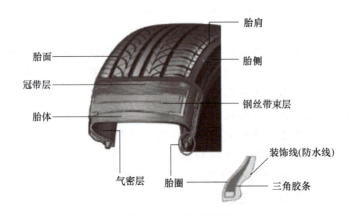

图 4-17　子午线轮胎

汽车上常采用的是低压胎，其尺寸标记用 $B\text{-}d$ 表示。其中，B 为轮胎断面宽度，d 为轮辋直径（图 4-18）。

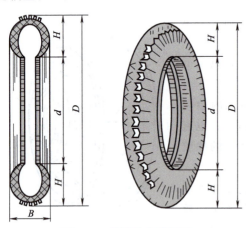

图 4-18　轮胎尺寸的标记

子午线轮胎则标记为 183/60R1380H：

183——轮胎断面宽度；

60——轮胎高宽比；

R——子午线轮胎；

13——轮辋直径；

80——载荷指数；

H——速度级别。

（3）轮胎拆装机　轮胎拆装机是一种实现将汽车轮胎从轮毂上拆下、安装和充气功能的设备。它主要用于轮胎的修补、更换、安装等，是汽车修理厂、汽车轮胎店和汽车装胎厂等必备的设备。在国内除称其为轮胎拆装机外还有称之为扒胎机、拆胎机等。

目前常用的半自动摇臂式轮胎拆装机主要是由分离铲、工作盘、升降杆、拆装器、立柱、机座等组成（图 4-19）。

三、任务实施

任务　轮胎拆装

1. 技术标准与要求

（1）查阅维修手册，合理分工制订计划。

（2）认识汽车行驶系统车轮的整体结构，了解汽车轮胎表面标示字母、数字的具体含义。

（3）轮胎与轮辋必须配套使用，拆装时需用轮胎拆装机，不允许对轮辋进行敲击，也不能用撬杠去撬。

（4）完成汽车车轮的拆装过程，并能正确拆装轮胎，完成任务工单。

2. 实训器材

轮胎拆装机、轮胎厚度规。

3. 操作步骤

第一步　清理工位

车辆进入工位前，将工位卫生清理干净，排除障碍物，准备好相关工具、物品等，并将车辆停驻在举升机平台中央位置。举升车辆到合适高度并可靠锁止举升臂。

第二步　检查轮胎

缓慢转动轮胎，检查轮胎是否有胎体变形、鼓包、橡胶开裂、异常磨损及穿刺异物等现象，使用轮胎花纹测量标尺，测量轮胎花纹深度。

第三步　拆装轮胎

（1）拆胎操作

① 准备工作

a. 将轮胎中的空气全部放掉。

b. 清除车轮上的杂物和平衡块，以免发生危险，去除平衡块时使用专用工具。

② 拆卸轮胎：拆胎前，先用毛刷蘸取润滑剂盒中事先放好的有效润滑剂，再润滑胎缘，否则在压胎时分离铲会磨损胎缘。

a. 将轮胎置于分离铲和橡胶垫之间，使分离铲边缘置于胎缘与轮辋之间，离轮辋边缘大约1cm处，然后脚踩分离铲脚踏，使胎缘与轮辋分离。

b. 在轮胎其他部分重复以上操作，使胎缘与轮辋彻底脱离。

c. 把胎缘与轮辋已分离的车轮放在转盘上（对于不对称的深槽轮辋，应将窄的轮辋朝上放置）。

d. 脚踩夹紧气缸脚踏到底，夹紧轮辋。

e. 拉回横摆臂，调整横摆臂和六方杆的位置，使拆装头内侧贴紧轮辋外缘，然后转动旋钮手柄将横摆臂顶住，再顺时针旋转六方杆锁紧手柄将六方杆锁紧。这时拆装头内侧自然距离轮辋边缘1～2mm距离，避免划伤轮辋。

f. 用撬杠将胎缘撬在拆装头前端半球形突起以上（为了方便撬出将拆装头对面的轮胎

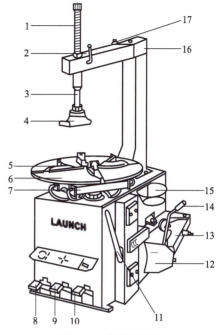

图 4-19　轮胎拆装机

1—回位弹簧；2—六方杆锁紧手柄；3—六方杆；
4—拆装头；5—卡爪；6—转盘；
7—卡爪夹紧气缸；8—转盘转向脚踏；
9—夹紧气缸脚踏；10—分离铲脚踏；11—撬杠；
12—分离铲；13—分离铲臂；14—分离铲操纵手柄；
15—油桶环；16—立柱；17—旋钮手柄

上缘向下压，压到轮槽以内后，再使用专用撬杠将胎缘撬出），脚踩转盘转向脚踏，让转盘顺时针旋转，直到胎缘脱落为止。如果有内胎，为了避免损坏内胎，在进行这步操作时，建议将轮胎气门嘴置于拆装机头前端10cm左右。

　　g. 上抬轮胎，而后使拆装头相对位置的下胎缘进入轮槽再将下胎缘撬到拆装头球形突起之上。

　　h. 然后踩下脚踏直至下胎缘脱离轮辋。

　　i. 踩下脚踏松开卡爪，取下轮辋，拆胎完成。

　　(2) 装胎操作　在安装轮胎之前，检查轮胎和轮辋尺寸是否相符。

　　① 夹紧轮辋（方法同拆胎夹紧操作）。

　　② 在轮胎和轮辋上涂上有效的润滑剂。

　　③ 将轮胎倾斜放在轮辋上，左端向上，将横摆臂拉回，进入工作位置。

　　④ 检查拆装头与轮辋的配合情况，如不符，进行调整。

　　⑤ 调整轮胎与拆装头的相对位置，使轮胎内缘与拆装头交叉。在拆装头尾部，应使胎缘置于拆装头上；在拆装头前端，应使胎缘置于拆装头球形突起之下。

　　⑥ 压低胎肚，脚踩脚踏顺时针旋转转盘，让下部胎缘完全落入轮辋槽内。

　　⑦ 为了安装上胎缘，重新放好轮胎，调整好胎缘位置，用手压低胎肚，尽量使胎缘进入轮槽内。

　　⑧ 踩下转盘转向脚踏，此时手不要放开。当还有10～15cm的轮胎未装入时，动作要放慢并注意观察轮胎的状态以免撕伤轮胎。一旦感到轮胎有撕伤的迹象或电机停止转动，立即松掉脚踏，然后用脚面抬脚踏使电机反转，使轮胎恢复原状以便再次进行。

　　(3) 充气操作

　　① 将轮胎从转盘上松开。

　　② 将充气管接头与轮胎气门嘴相连。

　　③ 缓慢并多次（以免充气压力过高）压充气枪，确定压力表显示的压力不超过轮胎生产厂家所注明的范围（225～250kPa），所充气压不要超过规定气压。

　　④ 如充气压力过高，可用拇指按下充气枪上的放气按钮，以达到所需气压。

任务工作单

项目	传动系统结构认识与拆装			
任务	车桥与车轮的检修与拆装		姓名	
班级		组号	日期	
任务目的	能正确识别车轮的型号及车桥的类型，并能查阅相关技术资料分析主要参数			
	能正确认识车桥及车轮总体结构			
	能对车桥及车轮实施拆装			
资讯	1. 记录所用车轮的结构形式 2. 认识车轮总成结构 车轮　铝合金轮辋　平衡块及夹子　铝合金铸造辐条　车轮螺栓　子午线轮胎　车轮饰板			

项目四　行驶系统检修与拆装

续表

工作任务	1. 查找和记录车轮型号及车桥类型 2. 对车桥及车轮进行总体认识 3. 实施车桥及车轮拆装练习
分析计划	根据工作任务,确定所需工具、设备等,并制订小组工作计划: 1. 讨论确定所需仪器、工具及辅助资料 2. 团队协作,组织及人员分工 3. 明确拆装的车桥及车轮,制订拆装步骤及要求 4. 操作安全、规范注意事项及技术标准
实施	1. 依照制订的拆装步骤完成各作业项目,并观察各部件,描述其名称,能认识的部件打"√",不能认识的打"×",同时指出该部件所属系统或机构 2. 拆卸过程中明确技术标准,仔细观察各零部件的型号及其螺栓扭力大小 3. 按正确顺序和技术标准完成装配任务 请依照以上要求完成下表:

序号	部件名称	所属机构	认识	考核
1				
2				
3				
4				

分析计划	自评项根据自己对任务的完成情况进行评估并提出改进意见;教师评估可纳入任务实施过程中或对照上表随机选取几个项目评估。总评采用合格和不合格两级评价。

序号	评估项目	自评	教师评估
1	工具的选择和使用		
2	车桥与车轮的组成及部件认识		
3	车轮拆装任务及技能		
4	安全操作规范		
5	总评		

任务实施心得:

四、知识考核

一转向桥如图4-20所示,请问该转向桥是整体式转向桥,还是断开式转向桥?序号4、6、7、8、10部件的名称是什么?部件8的作用是什么?

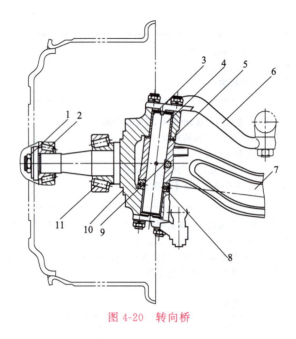

图 4-20 转向桥

任务 4.3　行驶系统故障诊断与检修

学习任务描述

一辆宝来乘用车，累计行驶 20000km，高速行驶时出现前轮摆动现象。

经过试车诊断，左右转动转向盘，自由行程正常；进一步检查转向传动机构，未发现传动间隙过大的现象。据此，基本排除该现象由转向系统故障引起。用千斤顶顶起车身前部，在转向轮离开地面的过程中，车轮底部明显向汽车垂直中心（向内）逐步移动。用手将车轮底部反复向内外扳动，发现前悬架下摆臂与发动机横梁处产生松旷。经查，该处衬套已严重磨损。该车前桥采用麦弗逊式独立悬架，此处磨损后产生过大的间隙，使车轮外倾角发生了变化。某车主反映汽车转弯后，转向盘回位不良并且在行驶时出现车辆跑偏现象，请对该车辆进行检测，并按技术要求进行调整和维修。

一、任务导入

完成本学习任务后，应当能：
1. 正确识别行驶系统典型故障现象；
2. 正确诊断行驶系统故障实施检修；
3. 完成车辆动平衡及四轮定位。

建议完成本学习任务为 16 学时。

二、信息资讯

1. 行驶系统概述

行驶系统主要由车架、车桥、车轮（包括轮胎）和悬架组成，如图 4-21 所示。

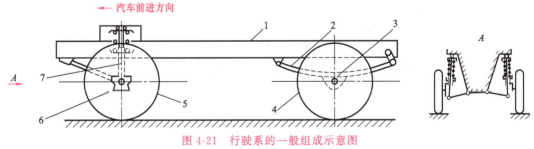

图 4-21　行驶系的一般组成示意图

1—车架；2—后悬架（钢板弹簧非独立悬架）；3—后桥；
4—后轮；5—前轮；6—前桥；7—前悬架（麦弗逊式独立悬架）

悬架分为独立悬架和非独立悬架，图 4-21 中前悬架为独立悬架，后悬架为非独立悬架。常见的独立悬架为麦弗逊式，乘用车前悬架普遍采用此结构。麦弗逊式独立悬架的杆件活动部位很多，球头销等处磨损松旷后会带来车轮定位角的变化。非独立悬架因其结构简单，工作可靠，被广泛应用于货车的前、后悬架。在少数乘用车中，非独立悬架仅用作后悬架。货车上非独立悬架普遍采用钢板弹簧式；由于货车行驶路面较差，悬架受到的冲击载荷大，钢板弹簧很容易永久变形甚至断裂，从而引起车轮定位角的变化。

2．行驶系统故障诊断

行驶系统的常见故障部位主要有：减振器、前轮定位、轮胎动平衡、杆系连接处以及驱动桥的齿轮、轴承等。

行驶系统的常见故障主要包括：行驶平顺性不良，车身横向倾斜，轮胎异常磨损，行驶无力和行驶跑偏。

（1）行驶平顺性不良

① 故障现象　汽车行驶时出现振动，加速时出现窜动，驾乘人员感觉很不舒服。

② 故障主要原因及处理方法　造成行驶平顺性不良的原因主要是：

a．前稳定杆卡座松旷或橡胶支承损坏，应予更换。

b．车轮动平衡超标，应予校正。

c．减振器或缓冲块失效，应予修理或更换。

d．传动轴动不平衡，应予校正。

e．钢板弹簧支架衬套磨损松旷，应予更换。

f．车轮轴承松旷或转向横拉杆球头松旷，应予更换。

g．钢板弹簧U形螺栓滑牙或松动，应予更换或紧固。

h．发动机横梁和下摆臂的固定螺栓或衬套松旷，应予修理或更换。

i．半轴内外万向节磨损松旷，应予更换。

j．轮胎气压过高，磨损不均，应予调整或更换等。

③ 故障诊断方法　以桑塔纳乘用车为例，针对不同的行驶平顺性特征，对照图 4-22 所

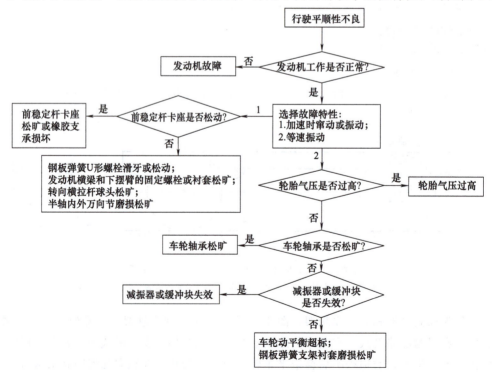

图 4-22　行驶平顺性不良常见故障原因的诊断流程

示行驶平顺性不良常见故障原因的诊断流程,找出故障部位。

(2) 车身横向倾斜

① 故障现象　汽车车身左高右低或左低右高,出现倾斜。

② 故障主要原因及处理方法　造成车身横向倾斜的原因主要是:

a. 左右轮胎气压不一致,应按规定充气。

b. 左右轮胎规格不一致,应予更换。

c. 悬架弹簧自由长度或刚度不一致,应予更换。

d. 下摆臂变形,应予校正或更换。

e. 发动机横梁和下摆臂的固定螺栓或衬套松旷,应予修理或更换。

f. 减振器或缓冲块损坏,应予更换。

g. 发动机横梁变形,应予校正或更换。

h. 车身变形,应予整形修理等。

③ 故障诊断方法　以宝来乘用车为例,先检查左右轮胎的气压、规格是否一致,再检查悬架、车身等部位,确定故障位置。具体如图 4-23 所示车身横向倾斜常见故障原因的诊断流程。

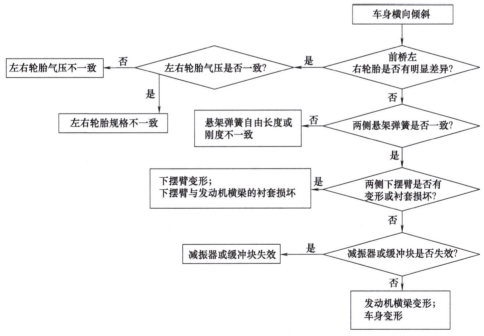

图 4-23　车身横向倾斜常见故障原因的诊断流程

(3) 轮胎异常磨损

① 故障现象　轮胎磨损速度加快,胎面出现如图 4-24 所示的不正常磨损形状。

② 故障主要原因及处理方法　造成轮胎异常磨损的原因主要是:

a. 轮胎气压不符合要求,轮胎质量不佳或车轮螺栓松动,应按规定充气,更换轮胎或紧固车轮螺栓。

b. 轮胎长期未换位或汽车经常行驶在拱度较大的路面上,应及时进行轮胎换位(一般行驶 10000km 应换位,并进行动平衡校正)。

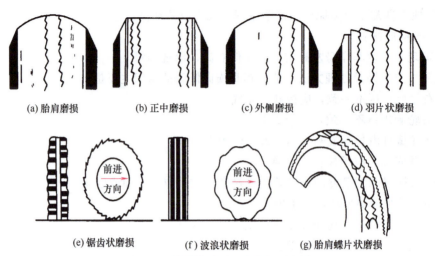

图 4-24 前轮轮胎不正常磨损示意图

c. 前轮定位不正确或前轮旋转质量不平衡，应校正前轮定位和车轮平衡。

d. 纵横拉杆、轮毂轴承松旷或转向节与主销松旷，应予修理或更换。

e. 钢板弹簧 U 形螺栓松旷或钢板弹簧衬套与销松旷，应予紧固或更换。

f. 经常超载、偏载、起步过急、高速转弯或制动过猛，应注意正确的驾驶方法。

g. 转向梯形不能保证各车轮纯滚动，出现过度转向，应予调整。

h. 前轴与车架纵向中心线不垂直或车架两边的轴距不等，应予调整。

i. 前梁或车架变形，应予整形。

j. 前轮放松制动回位慢或制动拖滞，应予排除等。

③ 故障诊断方法　以桑塔纳乘用车为例，根据轮胎磨损的情况确定故障原因：

a. 胎冠两肩磨损与胎壁擦伤，是由于轮胎气压不足或汽车长期超载引起。

b. 胎冠中部磨损，是由于轮胎气压过高引起。

c. 胎冠内（外）侧偏磨损，是由于车轮外倾角过大（小）引起。

d. 胎冠两侧成锯齿状磨损，是由于轮胎换位不及时或汽车经常紧急制动或长期超载引起。

e. 胎冠由外（里）侧向里（外）侧呈锯齿状磨损，是由于前束过大（小）引起。

f. 胎冠呈波浪状或碟片状磨损，是由于轮毂轴承松旷或车轮动不平衡引起。

（4）行驶无力

① 故障现象　即使将加速踏板踩到底，汽车驱动力也不足，出现加速不良，爬坡无力等现象。

② 故障主要原因及处理方法　造成汽车行驶无力的根本原因是发动机无力，传动系统传动效率低，车轮受到的阻力过大。具体原因主要是：

a. 发动机无力，排除方法见发动机章节。

b. 离合器打滑，排除方法见离合器维修内容部分。

c. 变速器缺油或润滑油变质，应予添加或更换。

d. 变速器齿轮啮合间隙过小，应予重新选配。

e. 万向传动装置中间支承轴承缺油、锈蚀甚至失效，应予润滑或更换。

f. 主减速器、差速器或半轴的传动齿轮（花键）啮合间隙过小，应予调整。

g. 驱动桥缺油或润滑油变质，应予添加或更换。

h. 轮胎气压严重不足，应予充气或修补后充气，必要时更换轮胎。

i. 车轮制动拖滞，排除方法见制动系统维修。

j. 驻车制动拉索回位不畅，造成后轮制动未完全释放，应予润滑或更换。

k. 轮毂轴承过紧，应予调整。

l. 前轮定位不正确，应予调整或更换部件等。

③ 故障诊断方法　按照故障原因的可能性从大到小，检查的难易性按从易到难的顺序，首先应检查轮胎气压是否严重不足。在排除发动机无力的情况下，检查影响传动系统传动效率降低的因素是否存在。最后检查排除车轮受到的阻力过大的因素。

详见图 4-25 所示汽车行驶无力常见故障原因的诊断流程。

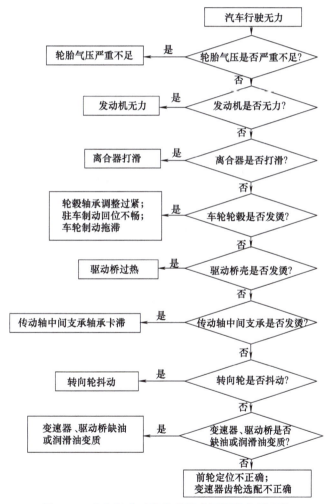

图 4-25　汽车行驶无力常见故障原因的诊断流程

(5) 行驶跑偏

① 故障现象　汽车正常行驶，不踩制动时，必须紧握转向盘才能保持直线行驶，若稍有放松便自动跑向一边。

② 故障主要原因及处理方法　造成汽车行驶跑偏的根本原因是汽车车轮的相对位置不正确，两侧车轮受到的阻力不一致。具体原因主要是：

a. 两前轮轮胎气压不等，直径不一或汽车装载质量左、右分布不均匀，应予调整或更换。

b. 左、右两前钢板弹簧翘度不等，弹力不一或单边松动、断裂，应予更换。

c. 前梁、车架发生水平面内的弯曲，应予校正。

d. 汽车两边的轴距不等，应予调整。

e. 两前轮轮毂轴承的松紧度不一，应予调整。

f. 前轮定位不正确，应予调整或更换部件。

g. 车轮有单边制动或拖滞现象，应予检修。

h. 转向杆系变形，应予校正或更换。

i. 动力转向系统控制阀损坏或密封环弹性减弱，阀芯运动不畅或偏离中间位置，应予调整或更换等。

③ 故障诊断方法　按图4-26所示汽车行驶跑偏常见故障原因的诊断流程找出故障。

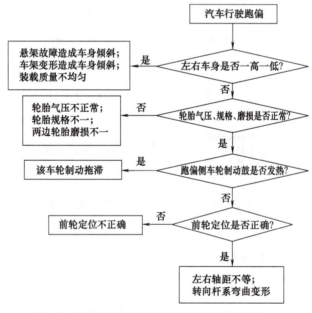

图4-26　汽车行驶跑偏常见故障原因的诊断流程

3. 行驶系统故障仪器检测

行驶系统的常用诊断参数有：车轮静不平衡量（g）、车轮动不平衡量（g）、车轮前束（mm或°）、车轮外倾角（°）、主销后倾角（°）、主销内倾角（°）、车轮侧滑量（m/km）等。

以上参数的数值正确与否，凭人工经验很难判断，必须通过专用仪器进行检测。

（1）车轮平衡的检测　如果车轮的质量分布不均匀，旋转起来是不平衡的；车轮不平衡对转向轮摆振的影响比路面不平的影响要大得多。车轮本身不平衡是汽车产生摆振的一个重要原因。

随着道路质量的提高和高速公路的普及，汽车行驶速度越来越高，因此对汽车车轮平衡度的要求也越来越高。车轮高速旋转时，不平衡质量会引起车轮上下跳动和横向摆振，不仅影响汽车的行驶平顺性、乘坐舒适性和操纵稳定性，而且也会影响行车安全。车轮的上下跳动和横向摆振还会加剧轮胎的磨损，缩短汽车使用寿命，增加汽车运输成本。

车轮不平衡的原因主要是：轮辋、轮胎在生产和修理过程中的精度误差、轮胎材料不均匀；轮胎装配不正确，轮胎螺栓质量不一；平衡块脱落；汽车行驶过程中的偏磨损；使用翻新胎或补胎等。

① 车轮静平衡的检测　对于非驱动桥上的车轮：支起车轴，调整好轮毂轴承松紧度，用手轻转车轮，使其自然停转。在停转的车轮离地最近处作一标记，然后重复上述步骤。如果每次试验标记都停在离地最近处，则车轮静不平衡；如果多次转动自然停止后的标记位置各不相同，说明车轮静平衡。

驱动桥上的车轮，由于受到差速器等的制约，无法使用该法，只能在装车前检测。

即使静平衡的车轮，在装车使用时也可能动不平衡；因此，还应对车轮动平衡进行检测校正。

② 使用动平衡机检测校正车轮动平衡

a. 清除车轮上的泥块、石子和旧平衡块。

b. 将轮胎气压充至规定值。

c. 根据轮辋中心孔的大小选择锥体或多孔式连接盘，将车轮装上动平衡机，拧紧固定螺母。

d. 测量轮辋宽度 b、轮辋直径 d 和轮辋边缘至机箱的距离 a，将这三个值输入动平衡机。

e. 放下车轮防护罩，打开电源开关，按动起动按钮，车轮开始旋转，动平衡机开始采集数据。

f. 检测结束后，从指示装置读取车轮不平衡量和不平衡位置。

g. 抬起车轮防护罩，用手慢慢转动车轮，当指示装置发出声音或灯光等信号时停止转动。根据显示的平衡块质量，在轮辋内侧或外侧牢固安装平衡块。

h. 重新检测动平衡，直到指示装置显示不平衡质量<5g，或显示"00""OK"为止。

i. 关闭电源开关，取下被测车轮。

(2) 四轮定位的检测　现代乘用车，除转向轮进行定位外，后轮也进行定位。四轮定位是为了适应汽车高速行驶状态下的稳定性和舒适性的要求。

四轮定位的检测可使用微机四轮定位仪来进行。

① 对被检汽车的要求

a. 轮胎气压正常。

b. 前后轮胎磨损情况基本一致。

c. 悬架完好，无松旷等现象。

d. 转向系统调整适当。

e. 汽车前后高度与标准值的差不大于5mm。

f. 制动系统工作正常。

② 检测前的准备

a. 将汽车开上举升平台，托起四个车轮，把汽车举升0.50m。

b. 托起车身适当部位，把汽车举升至车轮能自由转动。

c. 按上述"对被检汽车的要求"中的步骤进行检查调整。

③ 检测

a. 将传感器支架安装到轮毂上，将传感器（定位校正头）安装到支架上，按说明书的规定调整好。

b. 开机进入测试程序，输入被检汽车的车型和生产年份。

c. 将转向盘处于直线行驶位置，并使每个车轮旋转一周，即将轮辋变形的误差输入计算机，完成了轮辋变形的补偿。

d. 降下汽车，使车轮落到平台上，把汽车前部和后部向下压动 4～5 次，进行压力弹跳。

e. 用刹车锁压下制动踏板，使汽车处于制动状态。

f. 把转向盘左转至计算机发出"OK"声，输入左转角度；然后把转向盘右转至计算机发出"OK"声，输入右转角度。

g. 回正转向盘，计算机屏幕上显示出后轮的前束和外倾角数值。

h. 将转向盘处于直线行驶位置，用转向盘锁锁住转向盘，使之不能转动。

i. 把安装在四个车轮上的定位校正头调到水平线上，计算机屏幕上显示出转向轮的主销后倾角、主销内倾角、前轮外倾角和前束。

j. 如果数值不正确，可按微机屏幕的显示进行调整，并在调整后按上述方法重新检测。

④ 注意事项

a. 避免试验台超载。

b. 汽车通过试验台时，不允许转向、制动或将汽车停放在试验台上。

c. 保持试验台及周围环境的清洁，尤其是侧滑板的清洁。

d. 后轮有定位的乘用车，检测后轮是否合格。

4. 行驶系统维修

（1）车架的维修

① 车架的常见损坏现象

a. 车架弯曲或扭曲变形、断裂。

b. 铆钉松动或被剪断。

c. 部件脱焊或被撕裂。

d. 表面涂层损坏等。

② 引起上述现象的主要原因

a. 汽车超载或动载荷过大。

b. 交通事故中造成损坏。

c. 剧烈颠簸等。

③ 车架检修作业的主要内容

a. 表面涂层修复。

b. 尺寸校正。

c. 焊补或更换铆钉等。

由于车架尺寸的失准，会造成底盘各主要部件的相对位置发生变化，从而影响到传动效率、非正常磨损乃至汽车寿命和行车安全。因此，上述作业中主要的是车架的校正。

④ 检修完成后的车架应满足的要求

a. 安装在车架上的各零部件不发生运动干涉。

b. 车架具有足够的强度和适当的刚度。

c. 车架质量应尽可能小，不要焊接或铆接过多的钢件。

d. 车架的重心应尽量降低。

e. 涂层完好。

（2）车桥的维修　车桥通过悬架与车架或承载式车身相连，两端安装车轮。按车轮的作用，车桥可分为驱动桥、转向桥、转向驱动桥和支持桥。

检修完成的车桥应满足：无变形、裂纹、泄漏、异响、松动、过热等现象。

（3）车轮和轮胎的维修　车轮由轮毂、轮辋和连接两者的轮辐组成，车轮装上轮胎就成为车轮总成。

车轮和轮胎的种类很多。目前，乘用车大都采用铝合金车轮；而低压轮胎由于弹性好，断面宽，与路面接触面积大，壁薄而散热良好，也在乘用车上得到了广泛应用。

① 车轮和轮胎维护作业的主要内容

a. 检查轮辋及压条挡圈应无裂损、变形。

b. 检查车轮螺栓连接是否可靠。

c. 检查气门嘴帽是否齐全。

d. 检查轮毂轴承间隙有无明显松旷。

e. 检查调整轮胎气压等。

② 车轮和轮胎在使用中应注意的事项

a. 规格不同，甚至厂牌不同的轮胎不得同轴使用。

b. 选定的轮胎与轮辋应相配。

c. 使用中避免超载、紧急制动，合理分配各车轮的负荷。

d. 定期检查轮胎气压和外胎表面，清除铁钉、石块等异物。

e. 为使轮胎磨损均匀，延长使用寿命，一般每行驶 10000km 左右应进行一次轮胎换位，轮胎换位的方法如图 4-27 所示。图（a）、（b）为交叉换位，适用于经常在拱形路面上行驶的汽车；图（c）、（d）为循环换位，适用于经常在平坦路面上行驶的汽车。注意：根据经常行驶的路面情况选择换位方法后，下次仍然要使用该种换位方法；翻新胎、有损伤或磨损严重的轮胎，不得用于转向桥。

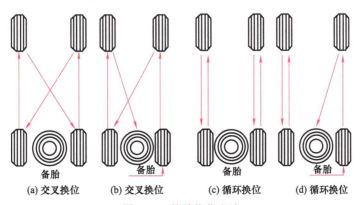

图 4-27　轮胎换位方法

③ 轮胎的检修

a. 外胎内壁应光滑，不得粘有砂土，外胎嵌入石子后应及时清除。如因气压过高等造成损坏，形成的破洞，应予修理或更换。

b. 轮胎花纹及胎面严重磨损，已暴露出帘布层或胎面，局部损伤超过规定标准，应报废。

c. 胎圈钢丝应无松散、折断。若胎圈钢丝露面不超过周长的 1/6 时，可送厂翻修，否则应更换。

④ 轮胎的装配

a. 将外胎内部和内胎外表面擦净，在其相互接触的表面上薄而均匀地涂上一层细滑石粉。将内胎及衬带装入外胎，并将气门嘴对准气门槽孔，将轮胎装到轮辋上。如有挡圈和锁圈，一并装入。

b. 将轮胎按规定气压充足气，检查有无漏气现象。

c. 将车轮总成装上车，注意不要遮挡到制动毂检视孔。对称地按规定力矩拧紧车轮螺母。

d. 对于后轮双车轮，一定要先拧紧内侧车轮的内螺母，然后安装外侧车轮，且相邻的两轮气门嘴应互相错开 180°对称排列。双轮间隙适当，高低搭配合适。一般较低的轮胎装于里侧，较高的轮胎装于外侧。

现代乘用车轮胎多采用无内胎结构的真空胎，所以对于内胎也就无需检测。

⑤ 车轮总成的平衡检查

a. 将轮胎充到合适的气压，去除轮胎上的铅块，将轮胎花纹沟里的石子剔除干净。

b. 将轮胎安装面朝内装上平衡轴，选择合适的锥体，用锁紧装置将轮胎锁紧（锥体一定要对准中心孔，否则可能数据不准）。

c. 打开平衡机电源，拉出尺子测量轮距离平衡机的距离，轮毂宽度，轮胎直径，并依次输入测量出来的数据。

d. 按下开始按键，平衡机开始带动轮胎旋转，测量开始，注意不要站在轮胎附近以免发生危险，平衡机测出数据自动停止。

e. 将轮胎旋转至平衡机一侧位置灯全亮（不同机型显示方式不同），在全亮这一侧的轮胎最高点也就是 12 点的位置敲入相应克数的铅块，另一侧也是如此。

f. 重复 d 步骤以后步骤直到平衡机显示为 0（5g 以下即可，因为没有 5g 以下的铅块，平衡机也不显示 5g 以下的不平衡量），动平衡结束取下轮胎。

⑥ 前轮定位的调整

麦弗逊式独立悬架前桥前轮定位的调整方法如下：

一汽奥迪、上汽桑塔纳等乘用车皆采用这种形式。各种车型的具体结构不同，但一般而言，前轮定位的四个参数中，并不都能调整。

一汽奥迪 100 乘用车车轮外倾角由设计保证，不能调整，而其主销后倾角和内倾角可通过弹簧支柱座上的三个螺栓孔调整。

桑塔纳乘用车则只能调整车轮外倾角，方法如下：

松开下悬臂球形接头的固定螺母，将外倾调整杆插入图 4-28 中箭头所示的孔中，横向移动球形接头，直至达到外倾值。一般是右侧从前面插入调整杆，左侧从后面插入调整杆。

调整后，紧固螺母并再次检查外倾值及前束。

⑦ 检修完成的车轮和轮胎应满足的要求

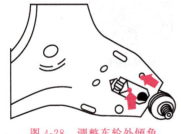

图 4-28　调整车轮外倾角

a. 规格选择恰当。

b. 静平衡和动平衡满足要求。

c. 充气压力正确，无泄漏现象。

d. 轮辋无变形，气门嘴帽齐全。

e. 胎面花纹满足要求。

5．悬架的维修

悬架是车架或承载式车身与车桥或车轮之间的一切传力装置的总称。

悬架的损坏会造成汽车车身倾斜、异响和振动、行驶不稳等故障。造成故障的主要原因是悬架左、右不对称、各传动或连接处因磨损或装配不当形成过大间隙，润滑不良等。

（1）前轮毂的维修　帕萨特乘用车采用发动机前置、前轮驱动的布置形式，前桥由两个柱式独立悬架组成，承担驱动和转向的任务。下面以该车为例，介绍前轮毂的维修作业。

① 前轮毂的拆卸

a. 拆下轮毂与传动轴紧固螺母，顶起车轮，拆下轮毂螺母，卸下车轮。拆下制动钳紧固螺栓，取下制动钳，拆下制动软管支架并用铁丝把制动钳固定在车身上。

b. 拆下悬挂臂上车轮轴承壳的紧固螺栓。使用专用工具压下横拉杆接头，拧下悬挂臂螺杆上的螺母，从车轮轴承壳中压出万向节销。用压力装置压下传动轴。

c. 取下前悬架支承柱盖，拆下活塞杆的螺母。

d. 拆下弹簧护圈、波纹管盖、限位缓冲器、减振器等。

e. 取下车轮轴承盖，用专用工具压出轮毂。

f. 拆下弹簧挡圈，用压力装置压出车轮轴承。

② 前轮毂的检修　前轮毂承受静载荷及冲击载荷，车轮轴承和轴承壳及传动轴是容易损伤的部位。检查时，轴承应转动灵活，无卡滞，轴向及径向没有明显的间隙感觉，否则应进行更换。轴承壳应无裂纹，轴承壳变形较小时可以敲击校正，变形较大时应予更换。

③ 前轮毂的装配

a. 安装弹簧挡圈，将轴承涂上润滑脂，将轴承压到位，装上内弹簧挡圈。用专用工具将轮毂压入轮轴。

b. 安装减振支柱。装上螺旋弹簧、减振器护套、限位缓冲器。用专用工具压紧弹簧，再拧紧螺母盖。拧紧力矩为597N·m，拧紧时，用内六角扳手阻止活塞杆转动。

c. 装上螺母盖。在等速万向节花键上涂上一圈防护剂，然后进行传动轴装配。

d. 安装完成1h后方可使用汽车。

（2）减振器的维修　维修减振器时应注意：

① 行驶10km以上的汽车减振器，手摸感觉温度应明显高于气温；手用力下压乘用车发动机罩或行李箱盖，车身应出现多于一次的连续上下跳动。否则，说明减振器效能降低或已失效。

② 如果拆下减振器，用手拉压，拉伸阻力应大于推压阻力。

③ 减振器水平放置24h，应无漏油现象。

④ 减振器活塞与工作缸的配合间隙应不大于0.15mm，活塞杆圆度误差不超过0.10mm，阀片不得缺损或严重变形，否则应更换。

（3）检修完成的悬架应满足的要求

① 减振器工作正常。

② 轴承无严重磨损或损坏。
③ 钢板弹簧完好有效。
④ 左右悬架尺寸对称,性能相似。
⑤ 各连接部位可靠。

任务工作单

项目	行驶系统检修与拆装				
任务	行驶系统故障诊断与检修			姓名	
班级		组号		日期	
任务目的	能正确识别行驶系统故障现象				
	能正确诊断故障原因				
	能实施行驶系统故障检修				
资讯	1. 行驶系统结构 2. 行驶系统常见故障 3. 动平衡原理				
工作任务	1. 记录行驶系统典型故障现象 2. 诊断行驶系统故障原因 3. 实施行驶系统故障检修				
分析计划	根据工作任务,确定所需工具、设备等,并制订小组工作计划: 1. 讨论确定所需仪器、工具及辅助资料 2. 团队协作,组织及人员分工 3. 明确拆装的车桥及车轮,制订拆装步骤及要求 4. 操作安全、规范注意事项及技术标准				
实施	1. 依照制订的拆装步骤完成各作业项目,并观察各部件,描述其名称,能认识的部件打"√",不能认识的打"×",同时指出该部件所属系统或机构 2. 拆卸过程中明确技术标准,仔细观察各零部件的型号及其螺栓扭力大小 3. 按正确顺序和技术标准完成装配任务 请依照以上要求完成下表:				
	序号	部件名称	所属机构	认识	考核
	1				
	2				
	3				
	4				
分析计划	自评项根据自己对任务的完成情况进行评估并提出改进意见;教师评估可纳入任务实施过程中或对照上表随机选取几个项目评估。总评采用合格和不合格两级评价。				
	序号	评估项目		自评	教师评估
	1	工具的选择和使用			
	2	车桥悬架车轮总成认识			
	3	典型故障现象分析			
	4	典型故障诊断检修			
	5	安全操作规范			
		总评			
	任务实施心得:				

三、知识考核

经过检查，发现车辆车轮出现异常磨损，确定异常磨损是导致车辆高速行驶发生偏摆的主要原因。试分析以下各种轮胎磨损的原因。

1. 如图 4-29（a）所示，故障现象：轮胎两胎肩出现磨损；故障原因_____

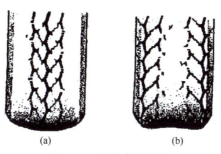

图 4-29　轮胎磨损情况

2. 如图 4-29（b）所示，故障现象：轮胎胎冠出现磨损；故障原因_____

项目五 转向系统检修与拆装

任务 5.1 转向器及转向传动机构拆装

学习任务描述

汽车在行驶过程中,需要按驾驶员的意志改变行驶方向,同时,转向轮由于受到地面侧向干扰力的作用,自动偏转而改变行驶方向。汽车需要改变或恢复行驶方向,必须使汽车转向车轮绕主销轴线偏转一定角度,直到新的行驶方向符合驾驶员的要求,再将转向轮恢复到直线行驶的位置。这种由驾驶员操纵,转向轮偏转和回位的一套机构,称为汽车转向系统。

汽车转向系统的功用是改变和保持汽车的行驶方向。

一、任务导入

完成本学习任务后,应当能:
(1) 熟悉转向系统的构造及工作原理;
(2) 掌握转向器的拆装程序及要领;
(3) 掌握循环球式转向器检测方法,能够正确检测转向器的零部件;
(4) 掌握转向器各调整部位的调整方法。
建议完成本学习任务为 10 学时。

二、信息资讯

1. 转向系统的类型和组成

汽车转向系统按其转向能源的不同,可分为机械转向系统、液压动力转向系统和电动动力转向系统。

(1) 机械转向系统 机械转向系统由转向操纵机构、转向器和转向传动机构三部分组成,如图 5-1 所示。汽车的转向,完全由驾驶员所施加的操纵力来实现的,操纵较费力,劳

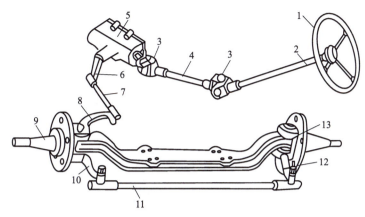

图 5-1 机械转向系统的组成和布置示意图

1—转向盘；2—转向轴；3—转向万向节；4—转向传动轴；5—转向器；6—转向摇臂；
7—转向直拉杆；8—转向节臂；9—左转向节；10,12—梯形臂；11—转向横拉杆；13—右转向节

动强度较大，但其具有结构简单、工作可靠、路感性好、维护方便等优点，多应用于中小型货车或轿车上。

当汽车转向时，驾驶员对转向盘 1 施加一个转向力矩，该力矩通过转向轴 2、转向万向节 3 和转向传动轴 4 输入转向器 5。经转向器放大后的力矩和减速后的运动传到转向摇臂 6，再经过转向直拉杆 7 传给固定于左转向节 9 上的转向节臂 8，使左转向节和它所支撑的左转向轮偏转。为使右转向节 13 及其支撑的右转向轮随之偏转相应角度，还设置了转向梯形。转向梯形由固定在左、右转向节上的梯形臂 10、12 和两端与梯形臂做球铰链连接的转向横拉杆 11 组成。

转向操纵机构由图中 1、2、3、4 所示部件组成。

转向传动机构由图中 6、7、8、10、11、12 所示部件组成。梯形臂 10、12 以及转向横拉杆 11 和前轴构成转向梯形，其作用是在汽车转向时，使内、外转向轮按一定的规律进行偏转。

(2) 液压动力转向系统　液压动力转向系统是在机械转向系统的基础上加设一套转向加力装置而形成的。转向所需要的能量由发动机转向加力装置提供，动力转向系统兼用驾驶员体力和发动机动力为转向能源，液压动力转向系统由一套机械转向系统和液压转向装置组成。

如图 5-2 所示为液压动力转向系统的结构示意图。液压转向装置由转向油泵 5、转向油管 4、转向油罐 6 以及位于整体式转向器 10 内部的转向控制阀及转向动力缸等组成。

当驾驶员转动转向盘 1 时，转向摇臂 9 摆动，通过转向直拉杆 11、横拉杆 8、转向节臂 7，使转向轮偏转，从而改变汽车的行驶方向。与此同时，转向器输入轴还带动转向器内部的转向控制阀转动。使转向动力缸产生液压作用力，帮助驾驶员转向操纵。这样，为了克服地面作用于转向轮上的转向阻力矩，驾驶员需要加于转向盘上转向力矩。驾驶员作用在转向盘上很小转向力矩，就可以克服地面作用在转向轮上的阻力矩，转向操纵轻便、灵活。另外，采用液压动力转向系统还能提高汽车行驶的安全性。

(3) 电动动力转向系统　电动动力转向系统由电控单元、电动机、转向齿轮机构等组成，如图 5-3 所示。

当汽车转向时，电控单元根据传感器检测的转向力矩及转向速度等参数，计算出最佳作

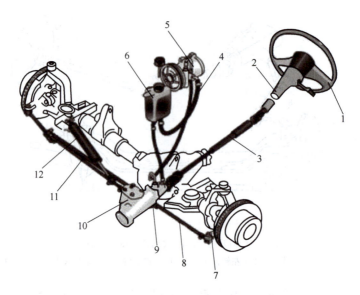

图 5-2 液压动力转向系统示意图

1—转向盘;2—转向轴;3—转向中间轴;4—转向油管;5—转向油泵;6—转向油罐;7—转向节臂;
8—转向横拉杆;9—转向摇臂;10—整体式转向器;11—转向直拉杆;12—转向减振器

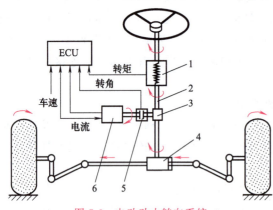

图 5-3 电动动力转向系统

1—转矩传感器;2—转向轴;3—减速机构;
4—齿轮齿条式转向器;5—离合器;6—电动机

用力后,使电动机工作,推动转向,减轻驾驶员的劳动强度。

电动动力转向系统具有节能,无需油压管路系统,并不直接消耗发动机功率,环保优势强,安装自由度大等优点,但电能动力不如液压动力大,目前只用于前轴负荷较小的轿车上。

2. 转向系统的角传动比和转向时车轮的运动规律

(1) 转向系统角传动比

转向系统角传动比:转向盘的转角与安装在转向盘同侧的转向轮偏转角的比值,用 i_w 表示。

转向器角传动比:转向盘转角和转向摇臂摆角之比,用 i_1 表示。

转向传动机构角传动比:转向摇臂摆角与同侧转向节带动的转向轮偏转角之比,用 i_2 表示。

显然,$i_w = i_1 i_2$,i_w 越大,转向操纵越轻便,但操纵灵活性越差,i_w 不能过大。

转向系统角传动比 i_w 越大,则为了克服一定的地面转向阻力矩所需的转向盘上的转向力矩便越小,从而在转向盘直径一定时,驾驶员加于转向盘上的手力也越小。但 i_w 过大,将导致转向操纵不够灵敏,即为了得到一定的转向节偏转角所需的转向盘转角过大。所以,选取 i_w 时应适当兼顾转向省力和转向灵敏的要求。

转向传动机构角传动比 i_2 的数值较小,对于一般汽车而言,i_2 大约为 1。在转向过程中,i_2 虽然会随转向节转角不同而有所变化,但一般说来,变化幅度不大。转向器角传动比

i_1,货车的约为16～32,轿车的约为12～20。由此可知,转向系统角传动比i_w主要取决于转向器角传动比i_1,有些转向器的i_1是常数,有些则是可变的。

机械转向系统同时满足转向省力和转向灵敏要求的程度是很有限的。因此普遍采用动力转向系统已成为中型以上的货车和中级以上的轿车转向系统的发展趋势。

(2) 转向时车轮的运动规律 汽车转向时,内侧车轮与外侧车轮滚过的距离是不相等的。通常,一般汽车后桥左右两侧的驱动轮由于差速器的作用,能够以不同的转速滚过不同的距离。但前桥左右两侧的转向轮要滚过不同的距离,会引起车轮沿路面边滚动边滑动,导致转向阻力增大,车轮磨损增加。为避免这种现象,要求转向系统能够保证汽车转向时所有车轮均做纯滚动。这只有在转向时所有的车轮轴线都交于一点才能实现。这个交点O称为汽车的转向中心,如图5-4所示。汽车转向时内侧转向车轮偏转角β大于外侧车轮偏转角α。

在车轮为绝对刚体的假设条件下,角α与β的理想关系式应是

$$\cot\alpha = \cot\beta + B/L$$

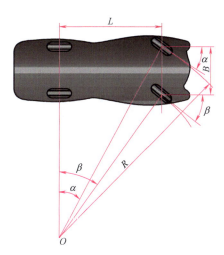

图5-4 双轴汽车转向时理想的两侧转向轮偏转角的关系

式中 B——两侧主销中心距,略小于转向轮轮距;

L——汽车轴距。

汽车转弯半径:从转向中心O到外侧转向轮与地面接触点的距离称为转弯半径。转弯半径R越小,则汽车转向所需要的场地就越小,汽车的机动性也越好。从图5-4可以看出,当外侧转向轮偏转角达到最大值时,转弯半径最小。

汽车内侧转向轮的最大偏转角:一般为35°～42°。

汽车的最小转弯半径:一般为5～12m。

3. 转向器

(1) 转向器的功用、类型和传动效率

① 功用 转向器是转向系统中的减速增矩传动装置,其功用是增大由转向盘传到转向节的力,并改变力的传动方向。

② 类型 按照转向器中的传动副的结构形式分类,目前应用广泛的几种是:齿轮齿条式、循环球式、蜗杆曲柄指销式等。

③ 转向器的传动效率 转向器输出功率与输入功率之比称为转向器传动效率。功率由转向盘输入,转向摇臂输出时的功率称为正传动效率。反之,转向摇臂受到道路冲击而传到转向盘的传动效率则称为逆传动效率。

正逆传动效率都很高的转向器称为可逆式转向器,有利于汽车转向轮的自动回正,转向盘路感很强,在坏路上行驶时容易出现打手现象,所以适用于经常在良好路面上行驶的车辆。正传动效率大于逆传动效率的转向器称为极限可逆式转向器,能实现汽车转向轮的自动回正,只有当路面冲击力大时,部分传到转向盘,"路感"较差,主要应用于中型以上的越野车、工矿用自卸车等。

(2) 转向器的构造、工作原理和检修

① 齿轮齿条式转向器　齿轮齿条式转向器分两端输出式和中间（或单端）输出式两种。

如图 5-5 所示为两端齿轮齿条式转向器。它主要由转向器壳体、转向齿轮、转向齿条等组成。作为传动副主动件的转向齿轮轴 11 通过轴承 12 和 13 安装在转向器壳体 5 中，其上端通过花键与万向节叉 10 和转向轴连接；与转向齿轮啮合的转向齿条 4 水平布置，两端通过球头座 3 与转向横拉杆 1 相连；弹簧 7 通过压块 9 将齿条压靠在齿轮上，保证无间隙啮合。弹簧的预紧力可用调整螺塞 6 调整。当转动转向盘时，转向齿轮轴 11 转动，使与之啮合的转向齿条 4 沿轴向移动，从而使左右横拉杆带动转向节左右转动，使转向车轮偏转，实现汽车转向。

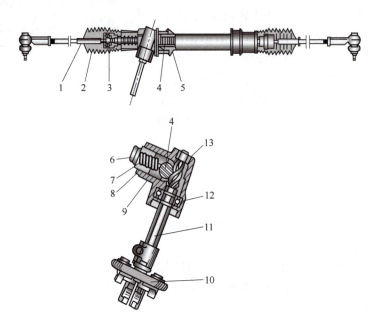

图 5-5　两端输出的齿轮齿条式转向器

1—转向横拉杆；2—防尘套；3—球头座；4—转向齿条；5—转向器壳体；6—调整螺塞；
7—压紧弹簧；8—锁紧螺母；9—压块；10—万向节叉；11—转向齿轮轴；12,13—轴承

中间输出的齿轮齿条式转向器如图 5-6 所示。其结构及工作原理与两端输出的齿轮齿条式转向器基本相同，不同之处在于它在转向齿条的中部用螺栓 6 与左右转向横拉杆 7 相连。

采用齿轮齿条式转向器可以使转向传动机构简化（不需转向摇臂和转向直拉杆等），齿轮齿条无间隙啮合，无须调整，而且逆传动效率很高，故多用于前轮为独立悬架的轿车和微型及轻型货车上。例如奥迪、捷达、桑塔纳和夏利等轿车，部分微型货车以及南京依维柯轻型货车等，都采用了齿轮齿条式转向器。

② 循环球式转向器　循环球式转向器与其他形式的转向器相比，结构特点是有两级传动副。第一级是螺杆螺母传动副，第二级一般采用齿条齿扇传动副。循环球式转向器传动效率高，正效率可达 90%～95%，操纵轻便，自动回正能力强，使用寿命长。但逆效率也很高，容易将路面冲击传给转向盘而产生"打手现象"。随着路面条件的改善，这个缺点并不明显。因而，循环球式转向器广泛应用于各级各类汽车。

如图 5-7 所示为循环球式转向器转向螺杆 8 的轴颈支撑在两个推力球轴承 6 上，轴承预紧度可用调整垫片 10 调整。转向螺母的下平面上加工成齿条，与齿扇轴（即摇臂轴）内端

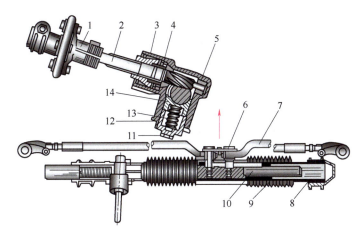

图 5-6 中间输出的齿轮齿条式转向器

1—万向节叉；2—转向齿轮轴；3—调整螺母；4—向心球轴承；5—滚针轴承；6—固定螺栓；7—转向横拉杆；8—转向器壳体；9—防尘套；10—转向齿条；11—调整螺塞；12—锁紧螺母；13—压紧弹簧；14—压块

的齿扇部分啮合。可见转向螺母既是第一级传动副的从动件，又是第二级传动副（齿条齿扇传动副）的主动件。通过转向盘和转向轴转动转向螺杆时，转向螺母不能转动，只能轴向移动，并驱使齿扇轴转动。

为了减小转向螺杆 8 和转向螺母之间的摩擦，二者的螺纹并不直接接触，其间装有多个钢球 11，以实现滚动摩擦。转向螺母的内径大于转向螺杆的外径，故能松套在螺杆上。转向螺杆和螺母上都加工出断面轮廓为两段或三段不同心圆弧组成的近似半圆的螺旋槽，二者的螺旋槽能配合形成近似圆形断面的螺旋管状通道。螺母侧面有两对通孔可将钢球从此孔塞入螺旋形通道内。转向螺母外有两根钢球导管 3，每根导管的两端分别插入螺母侧面的一对通孔中，导管内也装满了钢球。这样，两根导管和螺母内的螺旋管状通道组合成两条各自独立的封闭的钢球"流道"。

转向螺杆转动时，通过钢球将力传给转向螺母，螺母即沿轴向移动。同时，在螺杆及螺母与钢球间的摩擦力作用下，所有钢球便在螺旋管状通道内滚动，形成"球流"。钢球在管状通道内绕行两周后，流出螺母而进入导管的一端，再由导管另一端流回螺旋管状通道。故在转向器工作时，两列钢球只是在各自的封闭流道内循环，而不致脱出。

转向螺母上的齿条平面相对于齿扇轴线是倾斜的，因此与之啮合的齿扇应当是分度圆上的齿厚沿齿扇轴线按线性关系变化的变厚齿扇。只要使齿扇轴相对于齿条做轴向移动，即能

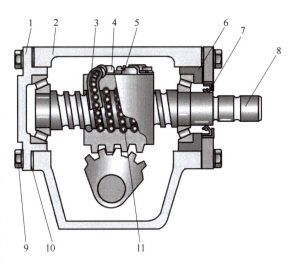

图 5-7 循环球齿条齿扇式转向器

1—转向器壳体底盖；2—转向器壳体；3—钢球导管；4—导管卡子；5—加油螺塞；6—球轴承；7—油封；8—转向螺杆；9—螺栓；10—调整垫片；11—钢球

调整二者的啮合间隙。调整螺钉旋装在侧盖上。齿扇轴内侧端部有切槽，调整螺钉的圆柱形端头即嵌入此切槽中。将螺钉旋入，则啮合间隙减小，反之则啮合间隙增大。

③ 蜗杆曲柄指销式转向器　蜗杆曲柄指销式转向器具有传动效率高、转向轻便、结构简单、调整方便的优点。但综合性能不及循环球式转向器，应用面不广，有逐渐被淘汰的趋势。对此种转向器，仅作为了解内容。

如图 5-8 所示为东风 EQ1090E 型汽车的蜗杆曲柄指销式转向器，它主要由转向器壳体、转向蜗杆、转向摇臂、指销等组成。蜗杆曲柄指销式转向器的传动副以转向蜗杆 3 为主动件，从动件是装在摇臂轴 11 曲柄端部的指销 13。转向蜗杆转动时，与之啮合的指销即绕摇臂轴轴线沿圆弧运动，并带动摇臂轴转动。

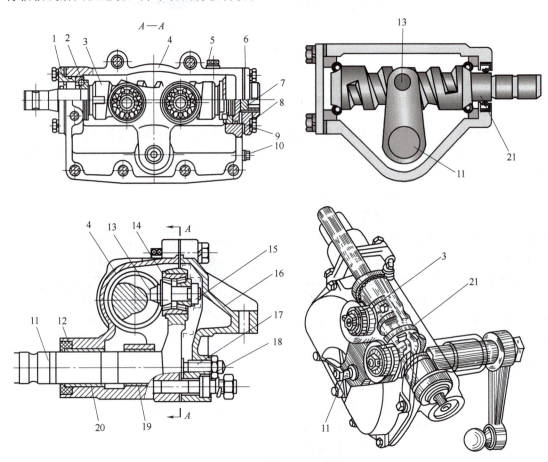

图 5-8　蜗杆曲柄指销式转向器

1—上盖；2,9—向心推力球轴承；3—转向蜗杆；4—转向器壳体；5—加油螺塞；6—下盖；7—调整螺塞；
8,15,18—螺母；10—放油螺塞；11—摇臂轴；12—油封；13—指销；14—双列圆锥滚子轴承；
16—侧盖；17—调整螺钉；19,20—衬套；21—螺杆

具有梯形截面螺纹的转向蜗杆 3 支撑于转向器壳体两端的两个向心推力球轴承 2 和 9 上。转向器盖上装有调整螺塞 7，用以调整上述二轴承的紧度，调整后用螺母 8 锁紧。蜗杆与两个锥形的指销 13 相啮合，两个指销均用双列圆锥滚子轴承 14 支于摇臂轴 11 内端的曲柄上，其中靠指销头部的一列无内座圈，滚子直接与指销轴颈接触。这样，所受的剪切载荷最大的这段轴颈的直径可以做得大一些，以保证指销有足够的强度。指销装在滚动轴承上可

以减轻蜗杆和指销的磨损，并提高传动效率。螺母 15 用以调整轴承 14 的紧度，以使指销能自由转动且无明显的轴向间隙为宜。摇臂轴 11 用粉末冶金衬套 19 和 20 支撑在壳体中。指销同蜗杆的啮合间隙用侧盖 16 上的调整螺钉 17 调整，调整后用螺母 18 锁紧。

这种双指销式转向器在中间及其附近位置时，其两指销均与蜗杆啮合，故单个指销所受载荷较单指销式转向器的指销所受载荷为小，因而其工作寿命较长。当摇臂轴转角相当大时，一个指销与蜗杆脱离啮合，另一指销仍保持啮合，因此双指销式的摇臂轴转角范围较单指销式为大。但双指销式结构较复杂，对蜗杆的加工精度要求也较高。

4. 转向传动机构

(1) 转向传动机构的作用　转向传动机构的作用是将转向器输出的力和运动传到转向桥两侧的转向节，使两侧转向轮偏转以实现汽车转向，且使两转向轮偏转角按一定关系变化，以保证汽车转向时车轮与地面的相对滑动尽可能小。有的汽车，如切诺基、奥迪、桑塔纳等，其转向传动机构中还装有转向减震器。转向传动机构的组成和布置因转向器结构形式、安装位置及悬架类型而异。转向传动机构按照悬架的分类可分为与非独立悬架配用的转向传动机构和与独立悬架配用的转向传动机构两大类。

(2) 与非独立悬架配用的转向传动机构　与非独立悬架配用的转向传动机构如图 5-9 所示。它主要包括转向摇臂、转向直拉杆、转向节臂及由梯形臂和横拉杆组成的转向梯形。在前桥仅为转向桥的情况下，由转向横拉杆和左、右梯形臂组成的转向梯形一般布置在前桥之后，如图 5-9（a）所示。当转向轮处于与汽车直线行驶相应的中立位置时，梯形臂与横拉杆在与道路平行的水平面内的交角 $\theta>90°$。在发动机位置较低或转向桥兼当驱动桥的情况下，为避免运动干涉，往往将转向梯形布置在前桥之前，此时上述交角 $\theta<90°$，如图 5-9（b）所示。若转向摇臂不是在汽车纵向平面内前后摆动，而是在与道路平行的平面内向左右摇动，则可将转向直拉杆横置，并借球头销直接带动转向横拉杆，从而推动两侧梯形臂转动，如图 5-9（c）所示。

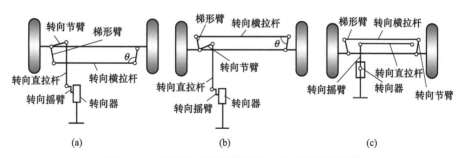

图 5-9　与非独立悬架配用的转向传动机构示意图

(3) 转向摇臂　转向摇臂的功用是把转向器输出的力和运动传给直拉杆或横拉杆，进而推动转向轮偏转。转向摇臂的典型结构如图 5-10 所示，它多采用铬钢之类的优质钢经锻造和机械加工制成，上端加工出带细齿花键的锥孔与转向摇臂轴连接，下端通过球头销与直拉杆连接。转向摇臂与球头销的结合有两种形式：一种是与球头销制成一个整体，另一种是将它们分别制造，然后通过焊接或者通过螺栓连接在一起。球头销的球面部分必须耐磨损，并且能承受较大的冲击负荷，因此球面部一般都应进行表面强化和硬化处理。转向摇臂的摆动方向随转向传动机构的布置方式不同而不同，有前后方向摆动的，也有左右方向摆动的。

为了保证转向摇臂轴在中间位置时，从转向摇臂起始的全套转向传动机构也处于中间位置,在转向摇臂轴的外端面和转向摇臂上孔的外端面上刻印有短线,作为装配标志。装配时,应使两个零件上的标记对齐。

(4)转向直拉杆 转向直拉杆的功用是将转向摇臂传来的力和运动传给转向梯形臂或转向节臂。它所受的力既有拉力,也有压力,因此直拉杆都是采用优质特种钢制造的,以保证工作可靠。转向直拉杆的典型结构如图5-11所示。在转向轮偏转或因悬架弹性变形而相对于车架跳动时,转向直拉杆、转向摇臂及转向节臂的相对运动都是空间运动,为了不发生运动干涉,三者间的连接都采用球头销。

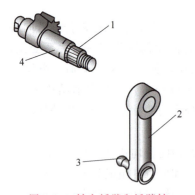

图5-10 转向摇臂和摇臂轴
1—带锥度的细齿花键;2—转向摇臂;
3—球头销;4—摇臂轴

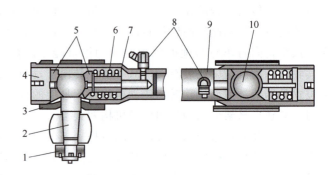

图5-11 转向直拉杆
1—螺母;2—转向节臂球头销;3—橡胶防尘垫;4—螺塞;5—球头座;
6—压缩弹簧;7—弹簧座;8—油嘴;9—直拉杆体;10—转向摇臂球头销

直拉杆体9是一段两端扩大的钢管,其前端(图中为左端)带有球头销2,球头销的尾端可用螺母1固定于转向节臂的端部。两个球头座5在压缩弹簧6作用下将球头销的球头夹持住。为保证球头与座的润滑,可从油嘴8注入润滑脂,使其充满直拉杆体端部管腔。装配时,供球头出入的孔口用耐油的橡胶防尘垫3封盖。压缩弹簧6随时补偿球头及球头座的磨损,保证二者间无间隙,并可缓和经车轮和转向节传来的路面冲击。弹簧预紧力可用螺塞4调节,调好后用开口销固定住螺塞的位置。当球头销作用在内球头座上的冲击力超过压缩弹簧预紧力时,弹簧便进一步变形而吸收冲击能量。弹簧变形增量受到弹簧座7自由端的限制,这样可以防止弹簧超载,并保证在弹簧折断的情况下球头销不致从管腔中脱出。

直拉杆体后端(图中为右端)可以嵌装转向摇臂球头销10。这一端的压缩弹簧也装在球头座后方(图中为右方)。这样,两个压缩弹簧可分别在沿轴线的不同方向上起缓冲作用。自球头销2传来的向后的冲击力由前压缩弹簧承受,当球头销2受到向前的冲击力时,冲击力即依次经前球头座、前端部螺塞4、直拉杆体9和后端部螺塞传给后压缩弹簧。

(5)转向横拉杆 转向横拉杆的功用是联系左、右梯形臂并使其协调工作。它在汽车行驶过程中反复承受拉力和压力,因此多用高强度冷拉钢管制造。如图5-12(a)所示,转向横拉杆由横拉杆体2和旋装在两端的横拉杆接头1组成。两端的接头结构相同(但螺纹的旋向相反),如图5-12(b)所示。其中球头销14的尾部与梯形臂(或转向节臂)相连。上、下球头座9用聚甲醛制成,有很好的耐磨性。球头座的形状如图5-12(c)所示,装配时,两球头座的凹凸部互相嵌合。弹簧12保证两球头座与球头紧密接触,并起缓冲作用,其预紧力由螺塞11调整。两接头借螺纹与横拉杆体连接,因其螺纹部分有切口,故具有弹性。接头旋装到横拉杆体上后,用夹紧螺栓3夹紧。横拉杆体两端的螺纹,一为右旋,一为左

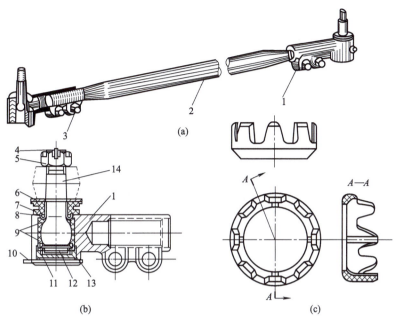

图 5-12 转向横拉杆

1—横拉杆接头；2—横拉杆体；3—夹紧螺栓；4—开口销；5—槽形螺母；6—防尘整座；
7—防尘垫；8—防尘套；9—球头座；10—限位销；11—螺塞；12,13—弹簧；14—球头销

旋，因此在旋松夹紧螺栓以后，转动横拉杆体，即可改变转向横拉杆的总长度，从而调整转向轮前束。

（6）转向减振器　随着车速的提高，现代汽车的转向轮有时会产生摆振，即转向轮绕主销轴线往复摆动，进而引起整车车身的振动；这不仅影响汽车行驶的稳定性，而且还影响汽车的舒适性，加剧前轮轮胎的磨损。在转向传动机构中设置转向减振器是克服转向轮摆振的有效措施。

转向减振器的一端与车身或前桥铰接，另一端与转向直拉杆或转向器铰接。转向减振器的结构如图 5-13 所示，其工作原理类似于悬架中的减振器。

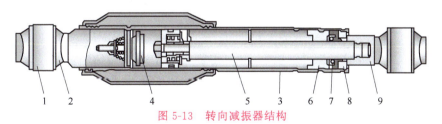

图 5-13 转向减振器结构

1—连接环衬套；2—连接环橡胶套；3—工作油缸；4—压缩阀总成；5—活塞及活塞杆总成；
6—导向座；7—油封；8—挡圈；9—轴套及连接环总成

（7）与独立悬架配用的转向传动机构　当转向轮采用独立悬架时，每个转向轮都需要相对于车架做独立运动，因而转向桥必须是断开式的。与此相应，转向传动机构中的转向梯形也必须是断开式的。如图 5-14 所示为与独立悬架配用的转向传动机构示意图。其中图 5-14（a）、（b）所示机构与循环球式转向器配用，图 5-14（c）、（d）所示机构与齿轮齿条式转向器配用。

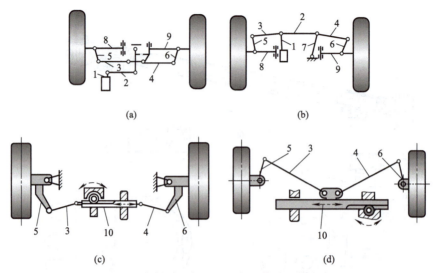

图 5-14 与独立悬架配用的转向传动机构示意图

1—转向摇臂；2—转向直拉杆；3—左转向横拉杆；4—右转向横拉杆；5—左梯形臂；
6—右梯形臂；7—摇杆；8—悬架左摆臂；9—悬架右摆臂；10—齿轮齿条式转向器

三、任务实施

1. 技术标准与要求

（1）螺母是可靠其自身重量沿轴平稳转下；

（2）螺母与螺杆之间的轴向间隙应小于 0.08mm；

（3）扇形齿轮轴的轴向间隙，最大间隙应小于 0.05mm。

2. 实训器材

循环球式转向器 1 台，维修工具 1 套，扭力扳手 1 把，齿轮油 1 瓶。

3. 操作步骤

第一步　循环球式转向器的拆装

（1）循环球式转向器的组成　循环球式转向器的组成元件如图 5-15 所示。

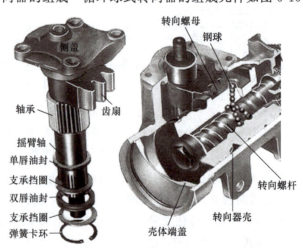

图 5-15　循环球式转向器的分解图

(2) 循环球式转向器的拆卸

① 拆下放油螺栓,排净齿轮油。

② 将转向臂轴转到中间位置(直线行驶位置,即将转向螺杆拧到底后,再返回约 3.5 圈),在转向垂臂和扇形齿轮轴上做好记号,再拧下侧盖的 4 个紧固螺栓,用软质锤或铜棒轻轻敲打转向臂轴端头,取出侧盖和转向臂轴总成(注意:不要划伤油封)。

③ 拧下转向器底盖 4 个紧固螺栓,再用铜棒轻轻敲转向螺杆的一端,取下底盖。

④ 从壳体中取出转向螺杆及转向螺母总成(注意:不要使转向螺杆花键划伤油封)。

⑤ 螺杆及螺母总成如无异常现象尽量不要解体。如必须解体时,可先拆下三个固定导管夹螺钉,拆下导管夹,取出导管,同时握住螺母,缓慢地转动螺杆排出全部钢球(注意:两个循环钢球最好不要混在一起,不要丢失。每个循环有 48 个钢球,共有两个循环。如果有一个钢球留在螺母里,螺母也不能拆下)。

(3) 循环球式转向器的装配

① 转向螺杆及螺母总成的装配:先将转向螺母套在转向螺杆上,螺母放在螺杆滚道的一端并使螺母滚道孔对准滚道,再将钢球由螺母滚道孔中放入,边转动螺杆,边放入钢球(两滚道可同时进行)。每个滚道约放 36 个钢球,其余 24 个钢球分装于两个导管里,并将导管两端涂以少量润滑脂插入螺母的导管孔中;同时用木锤轻轻敲打导管,使之落到底;然后,用导管夹把导管压在螺母上,并用 3 个螺钉紧固。装配好的螺母、螺杆总成轴向和径向间隙应不大于 0.06mm;如果超过规定值时,应成组更换直径较大的钢球。更换的钢球装好后,用手转动螺杆应保证螺母在螺杆滚道全长范围内转动灵活,无发卡现象。当螺杆、螺母总成处于垂直位置时,螺母应能从螺杆上端自由匀速落下。最后,把向心推力球轴承外圈压入底盖和壳体内;同时,将轴承内圈总成压到转向螺杆的两端。

② 在轴套、轴承和油封上涂以多用途润滑脂,将蜗杆插入转向机壳。

③ 装上轴承调整螺钉,并用扭力扳手一边转动蜗杆轴,测量开始转动所需扭矩,一边拧紧调整螺钉,直至力矩达到 0.4~0.5N·m 时为止。

④ 固定调整螺钉,上紧锁紧螺母,如图 5-16 所示,其力矩为 150N·m。

⑤ 将循环球螺母置于蜗杆轴的中央,然后将扇形齿轮轴插入转向器机壳,如图 5-17 所示。

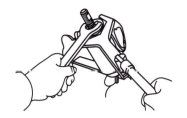

图 5-16 固定调整螺钉,上紧锁紧螺母

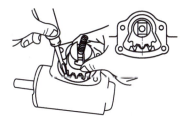

图 5-17 扇形齿轮轴插入转向器机壳

⑥ 在垫圈和端盖上涂以密封胶,尽可能拧松调整螺钉,装上端盖,如图 5-18 所示。

⑦ 将蜗杆轴置于中间位置,其方法是数轴的总旋转周数,然后将轴旋转回此数的一半,做好记号,如图 5-19 所示。

⑧ 调整总预紧力。如图 5-20 所示,用扭力扳手边测量预紧力,边旋转调整螺钉,直到预紧力合适为止。注意,这时必须确保蜗杆轴置于中间位置。预紧力为 0.8~1.1N·m。最后,固定调整螺钉,拧紧锁紧螺母。

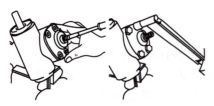

图 5-18 端盖的装配

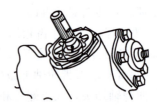

图 5-19 将蜗杆轴置于中间位置并做记号

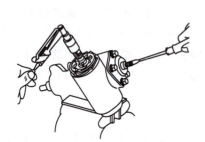

图 5-20 总预紧力的调整

图 5-21 对准记号装转向臂

⑨ 对准记号，装好转向臂，如图 5-21 所示。

（4）转向摇臂轴齿扇与转向螺母齿条的啮合间隙检查　拧紧锁紧螺母将调整螺栓锁住。然后，用百分表针抵在转向臂上，在表针不动的情况下蜗杆轴在左右两侧都不应有超过 5°的间隙。否则用调整螺栓调整扇齿与齿条的啮合间隙。

（5）注满新齿轮油　机油液位离顶部 8～18mm。

第二步　齿轮齿条式转向器的拆装

（1）动力转向器的组成　动力转向器为转阀整体式。它主要由齿轮齿条式转向器、转向动力缸和旋转式转向控制阀三部分组成。动力转向器的分解结构如图 5-22 所示。

（2）动力转向器的拆卸

① 排放动力转向油。

② 举升车辆，拆下两前轮。

③ 拆下驾驶席侧安全气囊总成。

④ 先拆下转向盘，再拆下转向轴万向节盖（图 5-23）。特别提醒：必须先拆下转向盘，后拆卸转向轴万向节盖，否则将会损坏 SRS 螺旋导线线盘。

⑤ 拆下转向轴万向节螺栓，将万向节叉向转向轴方向移动，然后拆下转向轴万向节。

⑥ 从球头销防护套螺母上拆下开口销并拆下该螺母，然后如图 5-24 所示使用专用工具球头销拆卸器（07MAC-SL00200，28mm）拆开横拉杆球头与转向节。

⑦ 分别拧出图 5-25 所示的 14mm 与 17mm 的油管连接螺母，依次拆下油泵出油软管与回油管路，然后用胶带封闭软管与管路的管口。

⑧ 握住右横拉杆并向右拉动齿条，然后拆下图 5-26 所示的左、右横拉杆端接头和锁紧螺母。

⑨ 拆下三效催化转化器和变速器换挡拉索。

⑩ 如图 5-27 所示，拆下转向器加强板与固定支架。

⑪ 如图 5-38 所示，向下拉动动力转向器，使转向齿轮轴脱离其隔板，然后从转向控制阀顶部拆下转向齿轮轴的橡胶保护圈。

⑫ 将动力转向器右移，使其左端离开后横梁，并将其左端置于后横梁下方，然后朝左下方向拆下动力转向器。

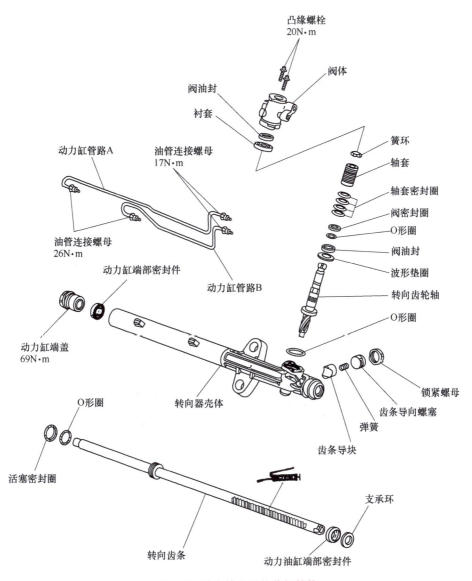

图 5-22 动力转向器的分解结构

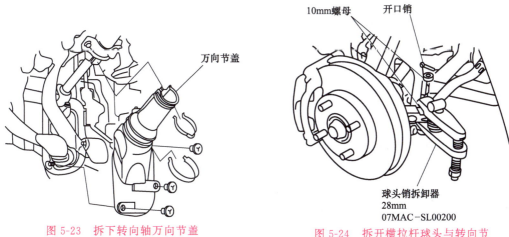

图 5-23 拆下转向轴万向节盖

图 5-24 拆开横拉杆球头与转向节

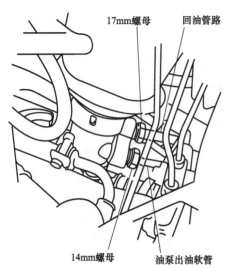

图 5-25 拧出油管连接螺母

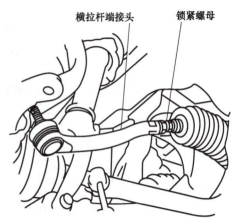

图 5-26 左、右横拉杆端接头和锁紧螺母

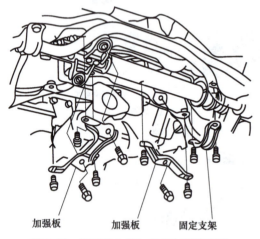

图 5-27 拆下转向器加强板与固定支架

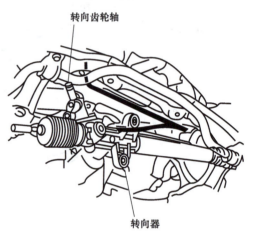

图 5-28 转向齿轮轴和动力转向器

(3) 动力转向器的分解

① 如图 5-29 所示，拆下防护套箍带与横拉杆卡环，再从转向器端部拉下防护套。

② 如图 5-30 所示，使用两把扳手拆下转向齿条端连接件，然后拆下锁紧垫圈与限位垫圈。

③ 如图 5-31 所示，拧出齿条导向螺塞的锁紧螺母，依次拆下齿条导向螺塞、弹簧和齿条导块。

④ 如图 5-32 所示，拆下动力缸管路 A 和 B。

⑤ 慢慢地左右移动转向齿条，使动力转向油从动力缸接头处排出。

⑥ 如图 5-33 所示，拆下转向控制阀的固定螺栓，拆下转向控制阀总成。

⑦ 在图 5-34 所示动力缸标示点处钻出一直径为 3mm，深度约为 2.5～3.0mm 的小孔。特别提醒：切勿让金属屑进入动力缸内，并且在拆下动力缸端盖后，去除小孔周围的毛刺。

项目五 转向系统检修与拆装

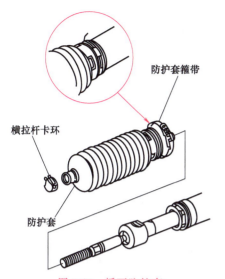

图 5-29 拆下防护套

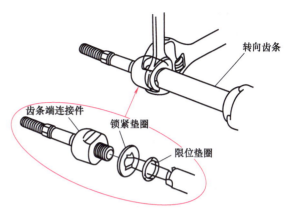

图 5-30 拆下锁紧垫圈与限位垫圈

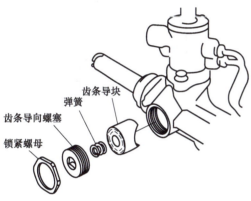

图 5-31 拆下齿条导向螺塞、弹簧和齿条导块

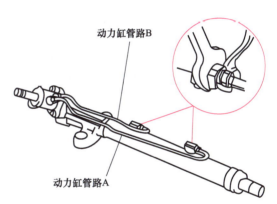

图 5-32 拆下动力缸管路 A 和 B

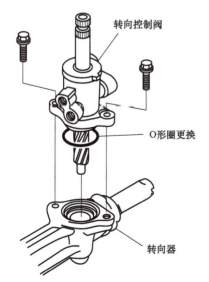

图 5-33 拆下转向控制阀总成

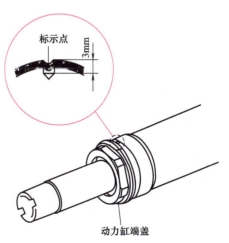

图 5-34 在动力缸标示点处钻小孔

⑧ 按图 5-35 所示方法在转向器上安装一拆卸器支架，然后将拆卸器支架夹在钳口垫有软垫的台钳上，并拆下动力缸端盖。特别提醒：切勿将动力缸壳体或转向器壳体夹在台钳里。

⑨ 按图 5-36 所示方法将转向器安装到轴承隔板上（转向器左侧向上），再将一大小合适的套筒扳手垫在转向齿条上，然后利用压力机压出动力缸端部密封件与转向齿条。特别提醒：要谨防转向齿条压出时掉落损坏。

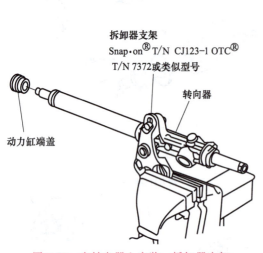

图 5-35　在转向器上安装一拆卸器支架

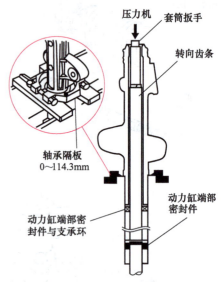

图 5-36　将转向器安装到轴承隔板上

⑩ 如图 5-37 所示，从转向器左侧将长 609.6mm、直径为 9.5mm 的拆卸杆与专用工具动力缸端部密封件拆卸器接头（07NAD-SR30200）小心地装入动力缸内，同时确认专用工具的小端已可靠地进入支承环与密封件的内孔。

⑪ 将转向器安装到轴承隔板上，使用压力机按图 5-38 所示的方法压出动力缸端部密封件与支承环。

⑫ 在转向齿轮轴花键上包扎胶带，然后按图 5-39 所示方法利用压力机压出转向齿轮轴。

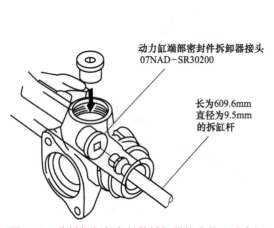

图 5-37　将拆卸杆与密封件拆卸器接头装入动力缸

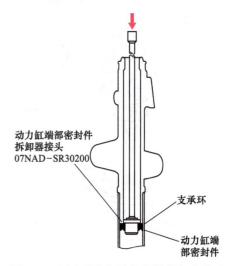

图 5-38　压出动力缸端部密封件与支承环

⑬ 如图 5-40 所示，从转向齿轮轴上拆下卡环与阀芯转向齿轮轴。

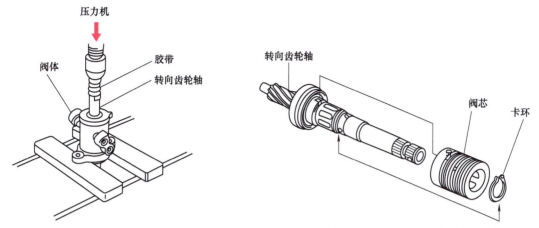

图 5-39　压出转向齿轮轴　　　　图 5-40　从转向齿轮轴上拆下卡环与阀芯转向齿轮轴

⑭ 使用刀具切断图 5-41 所示阀芯的 4 个密封圈并将其从阀芯上拆下。特别提醒：使用刀具时，切勿伤及阀芯。

⑮ 使用刀具从图 5-42 所示转向齿轮轴上的狭槽部位切断 O 形圈与密封圈，然后将它们小心地拆下。

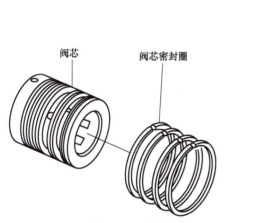
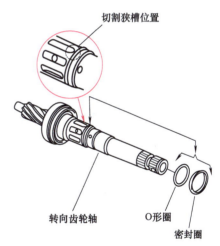

图 5-41　阀芯的 4 个密封圈　　　　图 5-42　从转向齿轮轴上的狭槽部位
　　　　　　　　　　　　　　　　　　　　　切断 O 形圈与密封圈

⑯ 如图 5-43 所示，从转向齿轮轴上拆下油封与波形垫圈。

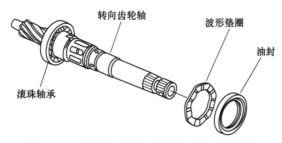

图 5-43　从转向齿轮轴上拆下油封与波形垫圈

⑰ 如图 5-44 所示，使用压力机和专用工具导套（07GAF-PH70100），将阀体油封和衬套从阀体中压出。

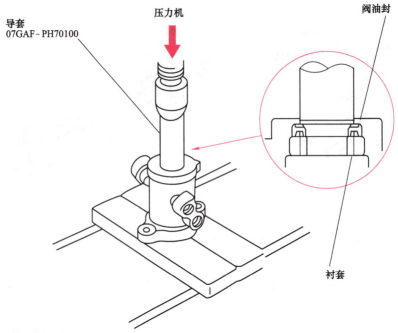

图 5-44　将阀体油封和衬套从阀体中压出

（4）动力转向器的组装　按照拆卸的过程，反向组装即可。

任务工作单

项目	转向器及转向传动机构的拆装				
任务	转向器的拆装及检修			姓名	
班级			组号	日期	
任务目的	能正确认识转向器和转向系统传动机构				
	能正确认识转向器和转向系统传动机构，实施拆装及检修				
资讯	1. 转向系统传动机构的功用 2. 转向系统传动机构的布置形式 3. 转向器的类型与组成 4. 转向系统传动机构各零部件的检测 5. 转向器的拆装及检修				
工作任务	1. 对转向系统的传动机构进行认识，识别传动机构部件的安装位置 2. 对转向器进行认识，实施拆装 3. 转向器的拆装练习 4. 转向传动系统零部件的检测				
分析计划	根据工作任务，确定所需工具、设备等，并制订小组工作计划： 1. 讨论确定所需仪器、工具及辅助资料 2. 团队协作，组织及人员分工 3. 明确拆装的转向器，制订拆装步骤及要求 4. 操作安全、规范注意事项及技术标准				

续表

	1. 依照制订的拆装步骤完成各作业项目,并观察各部件,描述其名称,能认识的部件打"√",不能认识的打"×",同时指出该部件所属系统或机构 2. 拆卸过程中明确技术标准,仔细观察各零部件的型号及其螺栓扭力大小 3. 按正确顺序和技术标准完成装配任务
实施	请依照以上要求完成下表:

序号	部件名称	所属机构	认识	考核
1				
2				
3				
4				
5				
6				

自评项根据自己对任务的完成情况进行评估并提出改进意见;互评项由组内组外互相交流和评分;教师评估可纳入任务实施过程中或对照上表随机选取几个项目评估。总评采用合格和不合格两级评价。

序号	评估项目	自评	教师评估
1	转向传动机构部件认识与拆装		
2	转向器认识与拆装		
3	转向传动机构零部件的检测		
4	转向器零部件的检测		
5	安全操作规范		
6	总评		

任务实施心得:

四、知识考核

图 5-45 所示为转向系统中的转向直拉杆,图 5-46 所示为机械转向系统。

(1) 转向直拉杆与转向摇臂和转向节臂采用何种连接方式,为什么要采用这种连接方式?

(2) 图 5-45 中标号为 4 的弹簧有什么作用?

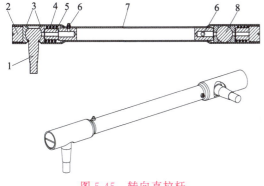

图 5-45 转向直拉杆

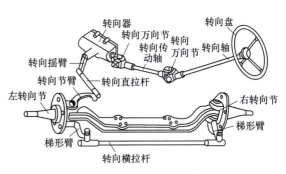

图 5-46 机械转向系统

任务 5.2　动力转向系统及转向操纵机构拆装

学习任务描述

动力转向系统是利用发动机的动力来帮助驾驶员进行转向操纵的装置,它把发动机的能量转换成液压能(电能或气压能),再把液压能(电能或气压能)转换成机械能作用在转向轮上帮助驾驶员进行转向,故应称之为动力助力转向系统。

一、任务导入

完成本学习任务后,应当能:
(1) 熟悉转向系统操纵机构的构造及工作原理;
(2) 掌握转向操纵机构的拆装程序及要领;
(3) 熟悉动力转向系统的构造及工作原理;
(4) 掌握转向系统常见故障的排除方法。
建议完成本学习任务为 10 学时。

二、信息资讯

1. 转向操纵机构
(1) 转向操纵机构的组成及作用
① 组成　转向操纵机构由转向盘、转向轴、转向管柱等组成,如图 5-47 所示。

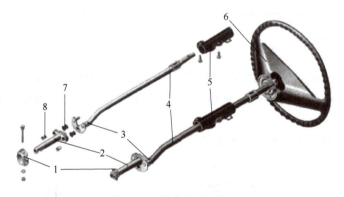

图 5-47　转向操纵机构
1—夹子;2—下转向轴;3—柱销;4—上转向轴;5—转向管柱;6—转向盘组件;
7—减振橡胶套;8—塑料衬套

② 作用　它的作用是将驾驶员转动转向盘的操纵力传给转向器。
(2) 转向盘
① 转向盘的组成及作用　转向盘由轮圈、轮辐和轮毂组成,如图 5-48 所示。
轮辐一般为三根辐条 [图 5-49 (a)] 或四根辐条 [图 5-49 (b)],也有用两根辐条的。

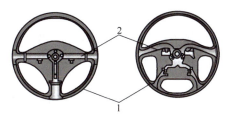

图 5-48　转向盘的组成（一）

1—轮圈；2—轮辐；3—轮毂

转向盘轮毂孔具有细牙内花键，借此与转向轴连接。转向盘内部是由成形的金属骨架构成。骨架外面一般包有柔软的合成橡胶或树脂，也有包皮革的，这样可有良好的手感，而且还可防止手心出汗时握转向盘打滑。当汽车发生碰撞时，从安全性考虑，不仅要求转向盘应具有柔软的外表皮，可起缓冲作用，而且还要求转向盘在撞车时，其骨架能产生变形，以吸收冲击能量，减轻驾驶员受伤的程度。转向盘上都装有喇叭按钮，有些轿车的转向盘上还装有车速控制开关和撞车时保护驾驶员的气囊装置。

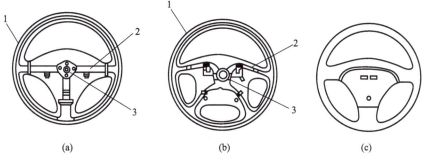

图 5-49　转向盘的组成（二）

1—轮圈；2—轮辐；3—轮毂

② 转向盘自由行程　转向盘为消除转向系统各传动件之间的装配间隙、克服弹性变形空转的角度称为转向盘自由行程（图 5-50）。由于转向系统各传动件之间都存在装配间隙，这些间隙随零件的磨损而增大，在一定的范围内转动转向盘时，转向节并不同步转动，而是在消除这些间隙并克服机件的变形后，才做相应转动，也就是说转向盘有一空转过程。

在汽车维护中应定期检查转向盘自由行程，转向盘自由行程对于缓和路面冲击、避免驾驶员过于紧张是很有利的，但过大的自由行程会降低转向灵敏性。

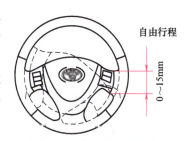

图 5-50　转向盘自由行程

GB 7258—2017 规定：最大设计车速≥100km/h 的机动车，转向盘的最大自由转动量从中间位置向左向右均应≤10°；最大设计车速＜100km/h 的机动车，转向盘的最大自由转动量从中间位置向左向右均应≤15°，超过规定值时，应通过调整转向器传动副的配合间隙来调整转向盘自由行程。

③ 转向盘自由行程的检查

a. 将汽车平放在平坦、坚实的路面上，前轮处于直线行驶的位置。

b. 将转向参数测量仪安装于转向盘上，测量仪接好电源。

c. 按下"角测"按钮，向一个方向缓慢转动转向盘直至车轮刚刚开始摆动时，停止转动转向盘，仪器即显示转向盘的自由转动角度。将转向盘回正后，可以测出另一个方向的自由转动角度。也可将转向盘打到一个车轮即将开始摆动直至另一个车轮开始摆动时的位置，也可测出转向盘自由行程。

④ 齿轮齿条式转向系统转向盘自由行程的检查　将汽车前轮处于直线行驶状态，用指尖向左、右侧轻轻推动转向盘，在转向盘外圆周上测量手感变重轮胎开始转动时的自由行程。如果测量值在规定值之内，说明状况正常。原则上运动副为无间隙配合，应无自由行程，当自由行程过大时，说明齿条与转向齿轮配合间隙偏大，各结合处松，齿条磨损。通过调整补偿弹簧的压力，可使齿条微量变形，实现无间隙或小间隙配合。桑塔纳轿车转向盘自由行程在转向盘边缘处测量，其值为15～20mm。

(3) 转向轴和转向管柱的吸能装置

① 转向轴和转向管柱　转向轴是连接转向盘和转向器的传动件，并传递它们之间的转矩。转向管柱安装在车身上，支承着转向盘。转向轴从转向管柱中穿过，支承在管柱内的轴承和衬套上。

转向轴多用无缝钢管制成，它的上部用轴承或衬套支承在转向管柱内，下部支承在下固定支架内的轴承中，轴承下端装有弹簧，可自动消除转向管柱与转向轴之间的轴向间隙。下端与转向万向节相连。

转向管柱的下端压装在下固定支架的孔内。下固定支架用两个螺栓固定在驾驶室底板上。转向管柱上端通过上支架固定在驾驶室前围仪表板上。

② 转向轴和转向管柱吸能装置的基本工作原理　当转向轴受到巨大冲击而产生轴向位移时，通过转向管柱或支架产生塑性变形、转向轴产生错位等方式，吸收冲击能量。

a. 转向轴错位和支架变形缓冲　转向管柱吸能装置的工作原理是：发生碰撞时，转向器向后移动，下转向传动轴插入上转向传动轴的孔中，上转向传动轴被压扁，吸收了冲击能量。此外，转向管柱通过支架和U形金属板固定在仪表板上。当驾驶员身体撞击转向盘后，转向管柱和支架将从仪表板上脱离下来向前移动。这时，一端固定在仪表板上而另一端固定在支架上的U形金属板就会产生扭曲变形并吸收冲击能量，如图5-51所示。

b. 转向管柱变形吸收冲击能量并缓冲　如果汽车上装用了网格状［图5-52（a）］或波纹管式转向管柱［图5-52（b）］吸能装置，当发生猛烈撞车导致人体冲撞转向盘时，网格部分或波纹管部分将被压缩产生塑性变形，吸收冲击能量，如图5-52所示。

2. 动力转向系统的定义及分类

汽车动力转向系统是在驾驶员的控制下，借助于汽车发动机产生的液体压力或电动机驱动力来实现车轮转向，所以动力转向系统也称为转向动力放大装置。相对于机械转向系统，对动力转向系统的要求是：在保证转向灵敏性不变的条件下，有效地提高转向操纵轻便性，提高响应特性，保证高速行车安全，减少转向盘的冲击，因此已在各国的汽车制造中普遍采用。

动力转向系统按控制方式的不同，可分为普通动力转向系统和电子控制动力转向系统。普通的液压式动力转向系统按液流形式，又可分为常压式和常流式两种。其中液压常流式动力转向系统应用广泛。电子控制动力转向系统根据动力源不同又可分为液压式电子控制动力转向系统（液压式EPS）和电动式电子控制动力转向系统（电动式EPS）。液压式电子控制动力转向系统根据控制方式的不同，可分为流量控制式、反力控制式和阀灵敏度控制式三种

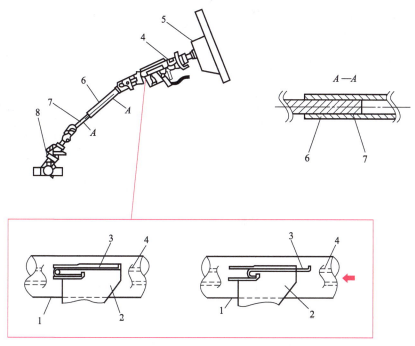

图 5-51　转向管柱吸能装置示意图

1—转向管柱；2—支架；3—U形板；4—转向轴；5—转向盘；6—上转向传动轴；7—下转向传动轴；8—转向器

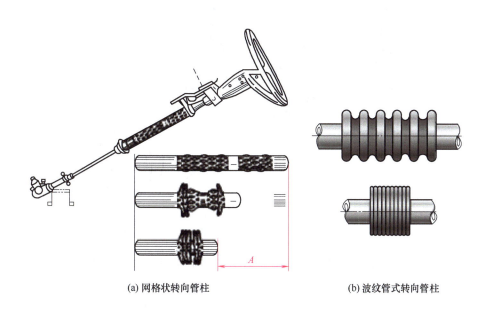

(a) 网格状转向管柱　　　(b) 波纹管式转向管柱

图 5-52　转向管柱变形吸收冲击能量示意图

形式，根据转向加力装置的零部件布置和连接组合方式的不同，可以分为整体式动力转向系统、半整体式动力转向系统和组合式动力转向系统三种（图5-53）。液压式动力转向系统按其转向控制阀阀芯的运动方式，还可分为滑阀式和转阀式两种形式。

此外，四轮转向系统正逐步得到应用，它可以让汽车的前轮和后轮同时发生偏转，在低

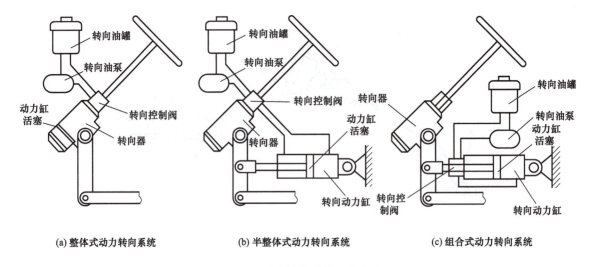

图 5-53 动力转向系统三种类型

速时,前轮和后轮的偏转方向相反,可提高汽车转向灵敏性,高速时,前轮和后轮的偏转方向相同,可提高汽车操纵稳定性。

3. 液压式动力转向系统的组成及工作原理

普通液压式动力转向系统由机械转向器、转向控制阀、转向油罐和转向油泵等组成,如图 5-54 所示。

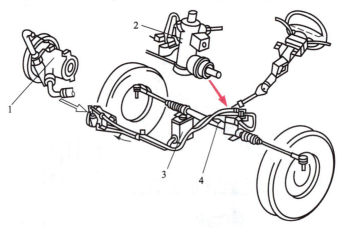

图 5-54 动力转向系统组成

1—转向油泵;2—转向控制阀;3—转向油罐;4—齿轮齿条转向器

如图 5-55 所示为液压常流滑阀式动力转向系统的工作原理图。系统各总成与部件的组成与功用如下:转向油罐 14 用来储存、滤清油液。转向油泵 15 将油罐 14 内的油吸出,压入转向控制阀,其功用是将发动机输出的部分机械能转换为油液的压力能。固装在车架(或车身)上的转向动力缸 8 主要由缸筒和活塞组成。活塞将动力缸 L、R 两腔,活塞的伸出端与转向摇臂 7 中部铰接。动力缸的功用是将油液的压力能转换成机械能,实现转向加力。由阀体 4、滑阀 1、反作用柱塞 2 和滑阀复位弹簧 3 等组成的转向控制阀是动力缸的控制部分,用来控制油泵输出油液的流向,使转向器与动力缸协调动作,转向控制阀用油管分别与油泵 15、油罐 14 和动力缸 8 连通。

滑阀1与阀体4为间隙配合。在阀体4的内圆柱面上开有三道环槽；环槽A是总进油道，与油泵15相通；环槽D、E是回油道，与油罐14相通。在滑阀1上开有两道环槽：B是动力缸R腔的进、排油环槽；C是动力缸L腔的进、排油环槽。阀体内装有反作用柱塞2，两个柱塞之间装有滑阀复位弹簧3。滑阀通过两个轴承支承在转向轴上，它与转向螺杆5的轴向相对位置固定不变。但滑阀处于中间位置（相应于汽车直线行驶的位置）时，滑阀两端与阀体4的端面均保持h的间隙，因而滑阀随同转向螺杆5可以相对于阀体4自中间位置向两端做微量轴向移动。

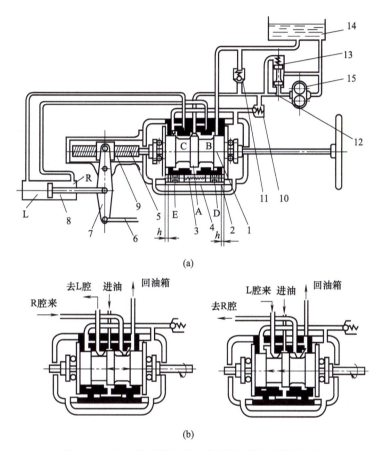

图 5-55　液压常流滑阀式动力转向系统工作原理图

1—滑阀；2—反作用柱塞；3—滑阀复位弹簧；4—阀体；5—转向螺杆；6—转向直拉杆；7—转向摇臂；8—转向动力缸；9—转向螺母；10—单向阀；11—安全阀；12—节流孔；13—溢流阀；14—转向油罐；15—转向油泵

滑阀式动力转向系统工作过程分析如下。

（1）汽车直线行驶时　如图5-55（a）所示，汽车直线行驶时，滑阀1在复位弹簧3的作用下保持在中间位置。转向控制阀内各环槽相通，油泵15出来的油液进入阀体环槽A之后，经环槽B和C分别流入动力缸8的R腔和L腔，同时又经环槽D和E进入回油管道流回油罐14。这时，滑阀与阀体各环槽槽肩之间的间隙大小相等，油路畅通，动力缸8因其左、右两腔油压相等而不起加力作用。油泵泵出的油液仅需克服管道阻力流回油罐14，故油泵负荷很小，整个系统处于低压状态。

（2）汽车右转向时　汽车右转向时，开始由于转向车轮的偏转阻力很大，转向螺母9暂时保持不动,而具有左旋螺纹的转向螺杆5却在转向螺母9的轴向反作用力推动下向右轴向移动,同时带动滑阀1压缩复位弹簧3向右轴向移动,消除左端间隙〔如图5-55（b）所示〕。此时环槽C与E之间,A与B之间的油路通道被滑阀和阀体相应的槽肩封闭。而环槽A与C之间的油路通道增大,油泵送来的油液自A经C流入动力缸的左腔。而动力缸右腔的油液则经环槽B、D及回油管流回油罐14。这样左、右动力腔产生压力差,在压力差作用下,动力缸的活塞向右移动,并通过活塞杆使转向摇臂7逆时针转动,从而起转向加力作用。当这一力与驾驶员通过转向器传给转向摇臂7的力合在一起,足以克服转向阻力时,转向螺母9也就随着转向螺杆5的转动而向左轴向移动,并通过转向直拉杆6带动转向车轮向右偏转。由于动力缸左腔的油压很高,所以汽车转向主要靠活塞的推力。

（3）转向盘转过一定角度保持不动时　只要转向盘和转向螺杆5继续转动,上述液压助力作用就一直存在,当转向盘转过一定角度保持不动时,转向螺杆5作用于转向螺母9的力消失,转向螺母9不再相对于转向螺杆5左移。但动力缸8中的活塞在压力差作用下,仍继续向右移动（转向摇臂7继续逆时针方向转动）,从而使得转向螺母9在转向摇臂7上端的拨动下,带动转向螺杆5及滑阀1一起向左移动,直到滑阀1回复到中间稍偏右的位置。此时滑阀中间槽肩右边的缝隙小于左边的缝隙,由于节流作用,使进入左腔的油压仍高于右腔的油压。此压力差在动力缸活塞上的作用力用来克服转向轮的回正力矩,使转向轮的偏转角维持不动,这就是转向的维持过程。

（4）由维持转向位置松开转向盘时　滑阀就会在复位弹簧3的张力和反作用柱塞2上油压的推力作用下回到中间位置,转向控制阀中各环槽槽肩间的缝隙相等。动力缸左腔与右腔间的压力差随之消失,动力缸停止工作,转向轮在回正力矩的作用下自动回正,并通过转向螺母9带动转向螺杆5反向转动,使转向盘回到直线行驶位置。在此过程中,转向螺母9作用在转向螺杆5上的轴向力小于复位弹簧3的预紧力,故滑阀1不再轴向移动,所以在转向轮自动回正过程中不会出现自动加力现象。

（5）汽车直线行驶,遇路面不平,转向轮可能左右偏转而产生振动时　这种振动将迫使转向摇臂7摆动,使动力缸活塞在缸筒内轴向移动,动力缸左右两腔的油液便对活塞移动起阻尼作用,从而吸收振动能量,减轻了转向轮的振动。若路面冲击力很大,迫使转向轮偏转（设向右偏转,而驾驶员仍保持转向盘处于直线行驶位置）,此时转向螺杆5将受到一个向左的轴向力,这个力使滑阀1向左移动,于是反向接通动力缸油路,动力转向装置的加力方向与转向轮偏转方向相反,使转向轮回正,抵消路面冲击的影响。

汽车左转向时,动力转向系统的工作原理与上述相同。

若动力转向系统失效,则动力转向系统不但不能使转向省力,反而会增加转向阻力。为了减小这种阻力,在转向控制阀的进油道和回油道之间,装有单向阀10。在正常情况下,进油道的油压为高压,回油道为低压,单向阀10在弹簧张力和油压差作用下关闭,进、回油道互不相通。当油泵失效后靠人力强制进行转向时,假设向右转,进油道变为低压（油罐中的油液已不能通过失效后的油泵流入进油道）,而回油道却因动力缸中活塞移动而具有稍高于进油道的油压。进、回油道的压力差使单向阀10打开,两油道相通,动力缸活塞两侧油腔也相通,油液便从动力缸受活塞挤压的右腔,流向活塞移离后产生低压的左腔,从而减小了人力转向时的油液阻力。可见单向阀10的作用是将不工作的油泵短路。

动力转向系统工作时,动力缸活塞的移动速度除随转向盘的转动速度而变化外,还取决于油泵的输出油量。如果油泵输出油量不足,会使转向速度慢（转向轮的偏转明显滞后于转向盘的转动）而不灵敏，且转向沉重。若油泵输出油量过大，又会使转向过分灵敏，转向盘"发飘"。油泵的输出油量受发动机转速的影响很大。为了保证发动机怠速时供油充足，而在发动机高速运转时供油量不致过大，油泵中装有节流孔12和溢流阀13。当油泵输出油量超过一定值时，油液在节流孔12节流作用下产生的油压差把溢流阀13打开，使多余的油液流回到油泵入口处。安全阀11的作用是限制油泵及系统内的最高压力值。

4．电动式电子控制动力转向系统的组成及分类

EPS就是英文Electric Power Steering的缩写，即电动助力转向系统（图5-56）。电动助力转向系统是在机械式转向系统的基础上加装了电动机及减速机构、转矩转角传感器、车速传感器和ECU电控单元而成，是一种直接依靠电动机提供辅助转矩的动力转向系统。该系统由电动助力机直接提供转向助力，省去了液压动力转向系统所必需的动力转向油泵、软管、液压油、传送带和装于发动机上的皮带轮，既节省能量，又保护了环境。另外，还具有

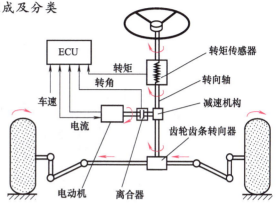

图5-56 电动助力转向系统的组成

调整简单、装配灵活以及在多种状况下都能提供转向助力的特点。

电动助力转向系统的基本原理是根据汽车行驶速度（车速传感器输出信号）、转矩及转向角信号，由ECU控制电动机及减速机构产生助力转矩，使汽车在低、中和高速下都能获得最佳的转向效果。

电动机连同离合器和减速齿轮一起，通过一个橡胶底座安装在左车架上。电动机的输出转矩由减速齿轮增大，并通过万向节、转向器中的助力小齿轮把输出转矩送至齿条，向转向轮提供转矩。ECU根据各传感器的信号确定助力转矩的幅值和方向，并且直接控制驱动电路去驱动电动机。转矩传感器、转角传感器和汽车速度传感器等为助力转矩的信号源。

根据电动机布置位置的不同，直接助力式电动转向系统可以分为转向轴助力式、齿轮助力式和齿条助力式三种类型，如图5-57所示。

5．转向油泵

转向油泵是动力转向装置的动力源，其功用是将发动机的机械能变为驱动转向动力缸工

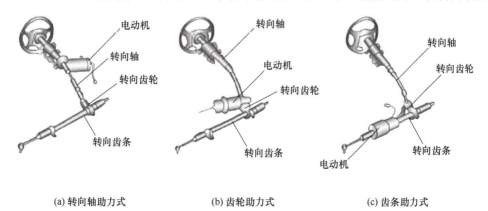

(a) 转向轴助力式　　　　(b) 齿轮助力式　　　　(c) 齿条助力式

图5-57 直接助力式电动转向系统的类型

作的液压能，再由转向动力缸输出的转向力，驱动转向车轮转向。

转向油泵的结构类型有多种，常见的有齿轮式、转子式和叶片式。目前最常用的是双作用叶片式转向油泵，其工作原理如图 5-58 所示。当发动机带动油泵逆时针旋转时，叶片在离心力的作用下紧贴在定子的内表面上，工作容积开始由小变大，从吸油口吸进油液，而后工作容积由大变小，压缩油液，经压油口向外供油。再转 180°，又完成一次吸压油过程。

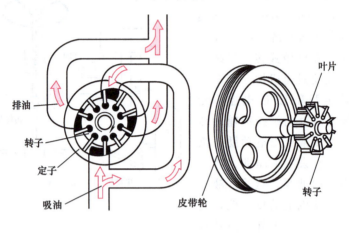

(叶片工作和油液流向)　　(转向油泵叶片)

图 5-58　双作用叶片式转向油泵的结构及工作原理

油泵的转子是通过发动机驱动或电动机驱动的，工作时油压及流量的变化是通过安全阀和溢流阀来实现的。当输出压力过高时，这个压力传到溢流阀右侧，使安全阀左移开启，高压油流回进油腔，降低了输出油压。当输出油量过大时，节流孔处油液的流速很高，但该处的压力很小，此压力经横向油道传到溢流阀右侧，使节流阀左右两侧的压差增大，在压差的作用下，节流阀压缩弹簧右移，使进油道和出油道相同，部分油液在泵内循环流动，减少了出油量。

6．转向系统常见故障

汽车转向系统技术状况的好坏对汽车的行驶安全性有着极其重要的影响。对汽车转向系统故障进行诊断排除具有极其重要的意义。转向系统最常见的故障有转向盘自由行程过大、转向沉重及动力转向助力不足等。

（1）转向盘自由行程大

现象　汽车保持直线行驶位置静止不动时，轻轻来回晃动转向盘，感到游动角度很大。

原因

① 转向器内主、从动啮合部位松旷或主、从动部位的轴承松旷。

② 转向盘与转向轴的连接部位松旷。

③ 转向器垂臂轴与垂臂连接部位松旷。

④ 纵、横拉杆球头连接部位松旷。

⑤ 纵、横拉杆臂与转向节的连接部位松旷。

⑥ 转向节与主销松旷。

⑦ 轮毂轴承松旷。

诊断与排除方法

① 应先检查转向盘与转向轴是否松旷。

② 检查转向器内主、从动部分的轴承或衬套是否松旷。

③ 检查转向器内主、从动部分的啮合是否松旷。

④ 若故障不在以上部位，则应检查垂臂与垂臂轴、纵横拉杆球头连接、转向节与主销是否松旷。

⑤ 若以上部位均无故障，则故障是由轮毂轴承或拉杆臂松旷所造成。

（2）转向沉重

现象　汽车行驶中驾驶员向左、右转动转向盘时，感到沉重费力，无回正感；当汽车以低速转弯行驶或掉头时，转动转向盘非常吃力，甚至打不动。

原因

① 轮胎气压不足。

② 转向节与主销配合过紧或缺油。

③ 纵、横拉杆球头连接调整过紧或缺油。

④ 转向器主动部分轴承预紧力太大或从动部分与衬套配合太紧。

⑤ 转向器主、从动部分的啮合间隙过小。

⑥ 转向器无油或缺油。

⑦ 转向节止推轴承缺油或损坏。

⑧ 转向器转向轴弯曲或其套管凹瘪造成刮碰。

⑨ 主销后倾过大、主销内倾过大或前轮负外倾。

⑩ 前梁、车架变形造成前轮定位失准。

诊断与排除方法

① 检查轮胎气压、轮毂轴承松紧程度、前轮定位等。

② 顶起前桥，使前轮悬空，转动转向盘。若感到明显轻便省力，则故障在前轮、前桥或车架。若转向仍然沉重费力，应将垂臂拆下，继续转动转向盘，若明显轻便省力，则故障在转向传动机构；若仍沉重费力，则故障在转向器。

③ 对转向器进行检查。先检查外部转向轴，有无变形凹陷等。再检查啮合间隙是否过小，轴承间隙是否过小，是否缺油，有无异响等。

④ 对转向传动机构进行检查。检查各部连接处是否过紧而运动发卡，检查各拉杆及转向节有无变形，检查转向节主销轴向间隙是否过小。

⑤ 必要时，还应对前轮及车架是否变形进行检查。

（3）行驶跑偏

现象　汽车行驶中自动跑向一边，必须用力把住转向盘才能保持直线行驶。

原因

① 两前轮轮胎气压不等、直径不一或车箱装载不均。

② 左右车架前钢板弹簧挠度不等或弹力不一。

③ 前梁、后桥轴管或车架发生水平平面内的弯曲。

④ 车架两边的轴距不等。

⑤ 两前轮轮毂轴承或轮毂油封的松紧度不一。

⑥ 前、后桥两端的车轮有单边制动或单边拖滞现象。

⑦ 两前轮外倾角、主销后倾角或主销内倾角不等。
⑧ 前束太大或负前束。
⑨ 路面拱度较大或有侧向风。

诊断与排除方法
① 应先检查跑偏一侧的车轮毂和制动器是否温度过高，若温度过高，则为轮毂轴承过紧和制动拖滞。
② 检查轮胎气压，轮毂轴承松紧程度。
③ 新换轮胎出现跑偏，多为轮胎规格不等。
④ 检查钢板弹簧有无松动、断裂，车桥有无歪斜移位，车架有无变形等。
⑤ 检查前轮定位情况。

(4) 转向不灵、操纵不稳

现象 在汽车转向操纵转向盘时感觉旷量很大，需用较大幅度才能转动转向盘；汽车在直线行驶时又感到行驶不稳。

原因 根本原因是磨损和松动导致各部位间隙过大，主要有以下原因。
① 转向器啮合间隙过大，安装松旷。
② 转向轴与转向盘配合松旷。
③ 主销与转向节衬套孔间隙过大。
④ 主销与转向节轴向间隙过大。
⑤ 转向传动机构各球头销处配合松旷。
⑥ 前轮毂轴承间隙过大。
⑦ 汽车前轮前束过大。

诊断与排除方法
① 先检查转向盘的自由转动量，若过大，说明转向系统内存在间隙过大的故障。
② 若转向盘的自由转动量正常，故障原因可能是前轮毂轴承间隙过大、主销与转向节衬套孔间隙过大、主销与转向节轴向间隙过大及前束过大等。
③ 检查前轮毂轴承、主销等处，找出松旷部位。
④ 由一人原地转动转向盘，另一人观察垂臂摆动，当垂臂开始摆动时转向盘自由转动量不大，说明是转向传动机构松旷；否则为转向器松旷。
⑤ 必要时应检查前束，前束值过大时，会伴随有轮胎异常磨损。

(5) 前轮摆头

现象 汽车在某低速范围内或某高速范围内行驶时，有时出现两前轮各自围绕主销进行角振动的现象。尤其是高速摆头时，两前轮左右摆振严重，握转向盘的手有麻木感，甚至在驾驶室内可看到整个车头晃动。

原因
① 前轮轮胎、轮辋、制动鼓或盘、轮毂等旋转质量不平衡。
② 前轮径向圆或端面圆跳动太大。
③ 前轮使用翻新胎。
④ 前轮外倾角太小、前束太大、主销负后倾或主销后倾角太大。
⑤ 两前轮的主销后倾角或主销内倾角不一致。
⑥ 前梁或车架弯扭变形。
⑦ 转向系统与前悬架的运动互相干涉。

⑧ 转向系统部件刚度太低。
⑨ 转向器主、从动部分啮合间隙或轴承间隙太大。
⑩ 转向器垂臂与其轴配合松旷。
⑪ 纵、横拉杆球头连接松旷。
⑫ 转向节与主销配合松旷或转向节与前梁拳形部沿主销轴线方向配合松旷。
⑬ 前轮轮毂轴承松旷。
⑭ 转向器在车架上的连接松旷。
⑮ 前悬架减振器失效或左、右两边减振器效能不一。
⑯ 左、右车架前悬架高度或刚度不一。

诊断与排除方法

① 若摆振随车速提高而增大，多为车轮动不平衡和轮毂变形所致，应检查轮胎平衡和轮辋变形情况。

② 若在某一转速时摆振出现，则情况比较复杂，应对转向系统、前桥及悬架等进行全面检查，以发现造成摆振的原因。

三、任务实施

1. 技术标准与要求

（1）保存转向盘安全气囊总成时，使其上表面朝上。
（2）在转向盘和主轴上做好记号，使用专用工具拆下转向盘。
（3）转向操纵机构的装配与拆卸的顺序相反，但必须注意装配记号。
（4）在中间轴和转向器轴上做好装配记号。

2. 实训器材

广州本田雅阁轿车台架1台，维修工具1套，扭力扳手1把，齿轮油1瓶。

3. 操作步骤

动力转向操纵机构主要包括转向盘总成和转向轴总成。

第一步 转向盘总成的检修

转向盘总成主要由转向盘、转向盘下盖和转向盘减振器等组成，转向盘总成的分解图如图5-59所示。特别提醒：转向盘总成中安装有安全气囊（SRS）系统的有关部件，所以在对转向盘总成进行检修时，务必参阅手册中SRS系统的有关注意事项和操作步骤，以免造成伤害或经济损失。

（1）转向盘总成的拆卸

① 使车辆前轮处于直线

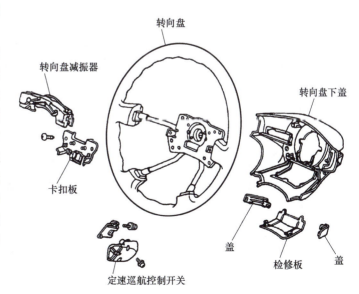

图5-59 转向盘总成的分解图

行驶位置,从转向盘中拆下驾驶席侧安全气囊总成。

② 拆开无线遥控开关和定速巡航控制开关插头(图5-60)。

③ 如图5-61所示,拧下转向盘螺栓,再将转向盘拆卸器安装到转向盘上,拆下转向盘。注意:在进行拆卸的时候不可敲击转向盘或转向轴;如果将拆卸器螺栓拧入转向盘毂超过5圈螺纹,螺栓将会碰及并损坏SRS螺旋导线线盘,因此,在拆卸转向盘前,应在拆卸器的每个螺栓端前5圈螺纹处装上一对止动螺母。

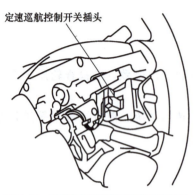

图5-60 拆开定速巡航控制开关插头

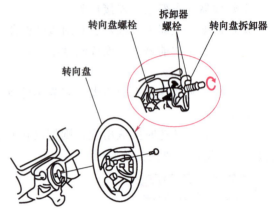

图5-61 拆下转向盘

(2) 转向盘总成的安装

① 在前轮处于直线行驶的位置时,将SRS螺旋导线线盘安装于中心位置,并将其顺时针旋转直到不能再转动,然后再将其逆时针转回约两圈半,使得螺旋导线线盘上的箭头标记正好指向上方,如图5-62所示。

② 如图5-63所示,装上转向信号解除套的2个锁片,然后装上转向盘,并使转向盘轴与SRS螺旋导线线盘上的销及解除套的锁片相嵌合(如图5-63中的箭头所示)。

③ 安装转向盘螺栓,并以39N·m的拧紧力矩将其拧紧。

④ 连接定速巡航控制开关插头。

⑤ 安装驾驶席侧安全气囊总成,并确认系统工作正常。

⑥ 检查喇叭、定速巡航控制设置/恢复开关以及转向信号解除等工作是否正常。

(3) 转向盘自由行程的检查与调整 使前轮处于直线行驶的位置,左右轻轻转动转向

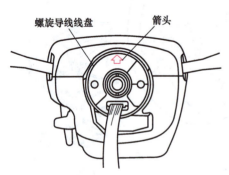

图5-62 安装SRS螺旋导线线盘,使其上的箭头标记正好指向上方

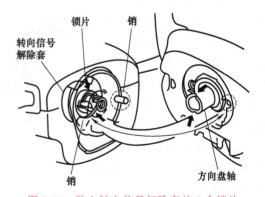

图5-63 装上转向信号解除套的2个锁片

盘，测量两前轮不发生偏转时转向盘所能转动的行程，此即转向盘的自由行程（如图 5-64 所示）。其值应为 0～10mm。如果转向盘自由行程超过上述要求，则可通过齿条导向螺塞予以调整。如果调整齿条导向螺塞后转向盘自由行程仍过大，则检查转向传动机构是否间隙过大或连接松动，同时检查转向器固定螺栓是否松动或固定胶垫是否老化。

(4) 转向盘转动力的检查　检查转向盘转动力之前，应先按前述内容检查转向油罐的液位与转向油泵皮带的张紧力。转向盘转动力的检查步骤如下：

① 将车辆停放在水平、干燥、清洁的路面上。

② 怠速运转发动机，向左向右连续几次将转向盘转到极限位置，然后回正转向盘。

③ 如图 5-65 所示，在转向盘的圆周上固定一弹簧秤，怠速运转发动机，然后拉动弹簧秤，检查前轮刚开始转动时弹簧秤的读数。弹簧秤的读数应≤30N，否则应检查转向器和转向油泵是否工作不良。

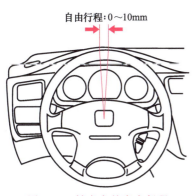

图 5-64　转向盘的自由行程

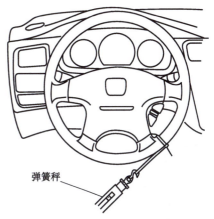

图 5-65　转向盘转动力的检查

第二步　转向轴总成的检修

转向轴总成主要由转向轴、转向轴上下盖和转向节等组成，转向轴总成的装配关系如图 5-66 所示。特别提醒：转向轴总成中安装有安全气囊（SRS）系统的有关部件，所以在对转向轴总成进行检修时，务必参阅手册中 SRS 系统的有关注意事项和操作步骤，以免造成伤害或经济损失。

(1) 转向轴总成的拆卸

① 拆下驾驶席侧安全气囊总成和螺旋导线线盘。

② 拆下转向盘。

③ 拆下驾驶席侧仪表板下盖。

④ 拆下转向轴上、下盖。

⑤ 拆开组合开关插头并拆下组合开关。

⑥ 拆开点火开关插头，拆下转向轴万向节盖。

⑦ 拆开万向节，并将其从转向轴中抽出。

⑧ 拧出转向轴固定螺栓，拆下转向轴。

(2) 转向轴总成的安装　按拆卸时相反的顺序安装转向轴总成，并注意：

① 安装转向轴时应确认任何零部件均不碰挤导线。

② 应确认线束安装正确、固定可靠，不被任何零部件挤压。

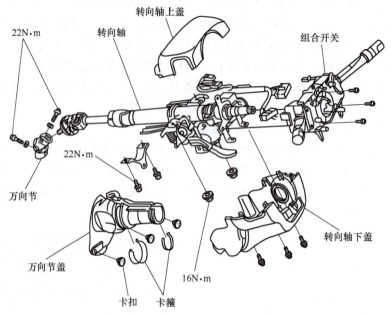

图 5-66 转向轴总成的装配关系

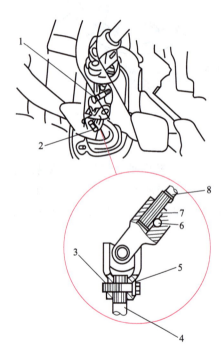

图 5-67 万向节的安装
1—连接螺栓；2—锁紧螺栓；3—螺栓孔；
4—齿轮轴；5—槽；6—螺栓孔；
7—平面部分；8—转向轴

③ 如图 5-67 所示，确认万向节按照如下步骤连接：

a. 将万向节上端插入转向轴（螺栓孔与轴上平面齐平）。

b. 将万向节下端滑入齿轮轴（螺栓孔必须与轴的环槽齐平）松弛地安装下部螺栓。确认下部螺栓在齿轮轴槽内可靠定位。

c. 拉下万向节确认其安装到位，然后安装上部螺栓并将其拧紧。

(3) 转向轴总成的检查

① 如图 5-68 所示，检查转向轴滚珠轴承与转向轴万向节滚针轴承的轴向与径向间隙。如间隙过大或转动有噪声，则更换转向轴总成。

② 检查转向轴固定套是否损坏，必要时更换转向轴总成。

③ 检查转向减振板是否变形或损坏。如有不良，则应更换转向轴总成。

(4) 转向轴总成的调整

① 从松动位置到锁紧位置，扳动倾斜调节杆 3~5 次，然后测量倾斜调节杆端部 10mm 处倾斜调节杆的预紧力，如图 5-69 所示。预紧力应为 70~80N。

② 如果测量值不符合技术要求，则按照如下步骤调节预紧力：

松开倾斜调节杆，并将转向轴置于中间位置。

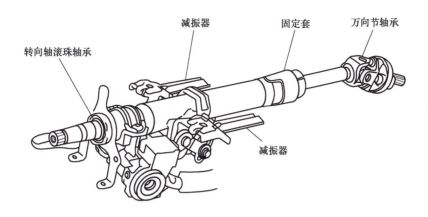

图 5-68 转向轴总成的检查

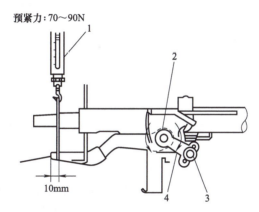

图 5-69 测量倾斜调节杆端部 10mm 处倾斜调节杆的预紧力
1—弹簧秤；2—倾斜锁紧螺栓；3—6mm 的锁紧螺栓；4—限位器

a. 拆下 6mm 的锁紧螺栓，再拆下限位器。注意：当安装限位器或者拧紧 6mm 的锁紧螺栓时，不要松开倾斜调节杆。

b. 通过左右拧动倾斜锁紧螺栓来调节预紧力。

c. 往上拉倾斜调节杆至最高位置，并安装限位器。然后再次检查预紧力。如果测量值仍然不符合技术要求，则需要重复上述调节步骤。

（5）转向角限止器的更换

① 拆下转向轴。在两个安全螺栓的中心各打一个凹坑，然后用 5mm 的钻头将螺栓的端部钻出。注意：在拆卸安全螺栓时不要损坏开关体。从开关体上拆下安全螺栓。

② 插入点火钥匙，并且检查转向盘锁是否操作正常以及点火钥匙是否转动自如。拧紧安全螺栓直至六角头拧断，如图 5-70 所示。

（6）转向油罐油位的检查与转向油的更换

① 转向油罐油位的检查　车辆使用过程中，应定期检查动力转向油罐的油位。油罐的油位应位于罐身标示的油位上、下限之间（图 5-71）。若油位不符合上述要求则

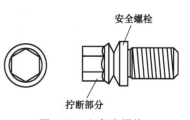

图 5-70 六角头螺栓

应予加添，必要时给予更换。动力转向系统动力转向油的容量：系统总容量为 1.1L；转向油罐容量为 0.4L。

② 动力转向油的更换

a. 先抬高转向油罐，再按图 5-72 所示拆下转向油罐回油软管，并迅速将转向油罐的回油口用一塞帽堵塞。回油软管的端部则通过一适当直径的软管通向一盛油容器。注意：应谨防油液溅洒到车体或其他零部件上，若有溅洒则应立即擦洗。

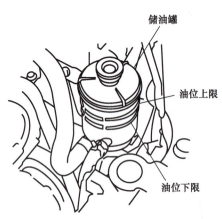

图 5-71 油罐的油位位于罐身标示的油位上、下限之间　　图 5-72 拆下转向油罐回油软管

b. 急速运转发动机，左右连续几次转动转向盘到极限位置，当回油软管无油流出时熄灭发动机。

c. 重新装回回油软管，并添加规定品牌的转向油至油罐油位上限位置。

d. 急速运转发动机，再左右连续几次转动转向盘至极限位置，然后排放系统中的空气。

e. 重新检查油罐油位，必要时加添转向油至油罐油位上限位置。

(7) 转向油泵皮带松紧度的检查与调整　在进行该项操作之前，应先检查皮带是否有裂纹或其他损坏现象。若有，则更换新皮带。在使用新皮带时，应首先将其张紧力或挠度调整至"新皮带值"，然后运转发动机 5min，再将皮带张紧力或挠度调整至"旧皮带值"。

① 转向油泵皮带松紧度的检查

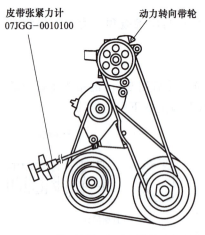

a. 拆下转向油罐。

b. 如图 5-73 所示，将专用工具皮带张紧力计（07JGG-0010100）以面朝发动机的方向，连接到皮带上，并检测转向油泵皮带的张紧力。转向油泵皮带的张紧力：新皮带为 740～880N；旧皮带为 390～540N。

c. 若没有皮带张紧力计，也可用检查皮带挠度的方法判断其松紧度。如图 5-74 所示，在两带轮中间的皮带上施加以 98N 的压力，然后测量转向油泵皮带的挠度。转向油泵皮带的挠度：新皮带为 11.0～12.5mm；旧皮带为 13.0～16.0mm。

图 5-73 检测转向油泵皮带的张紧力

② 转向油泵皮带松紧度的调整　如果皮带张紧力值或挠度值不符合上述要求，则应按下述方法予以调整：

a. 松开图 5-75 所示转向油泵的固定螺栓和锁紧螺栓。

b. 通过调节杆移动转向油泵的安装位置来调整其皮带的松紧度,然后再拧紧转向油泵的固定螺栓与锁紧螺栓。

c. 起动发动机,向左向右连续几次将转向盘转到极限位置,然后熄灭发动机并再次检查转向皮带的松紧度。

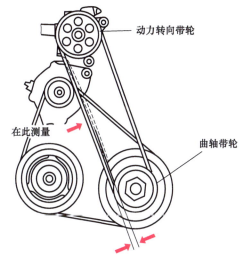

图 5-74 测量转向油泵皮带的挠度

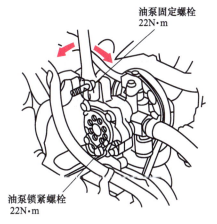

图 5-75 转向油泵的固定螺栓和锁紧螺栓

(8) 转向器齿轮齿条啮合间隙的调整

① 使前轮处于直线行驶的位置。

② 如图 5-76 所示,使用专用工具锁紧螺母扳手 (07MAA-SL00100,40mm) 拧出齿条导向螺塞的锁紧螺母,然后拆下齿条导向螺塞。

③ 除去齿条导向螺塞螺纹部分 (图 5-77) 的密封胶,然后在螺塞前 3 圈螺纹上重新涂上新密封胶,再将螺塞装回转向器并以 25N·m 的拧紧力矩将其拧紧。

④ 将螺塞再次拧松,再以 3.9N·m 的拧紧力矩将其拧紧,然后反方向拧松 20°。

⑤ 以 25N·m 的拧紧力矩拧紧螺母,并在转向全行程范围内检查转向轮情况,同时检查转向盘的自由行程和转向盘的转动力。

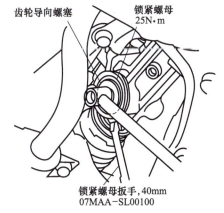

图 5-76 使用专用工具锁紧螺母扳手拧出齿条导向螺塞的锁紧螺母,拧拆下齿条导向螺塞

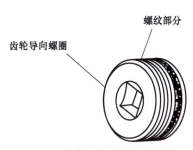

图 5-77 齿条导向螺塞螺纹部分

任务工作单

项目	动力转向系统和转向操纵机构认识与拆装					
任务	转向操纵机构的拆装及检修				姓名	
班级			组号		日期	
任务目的	能正确认识转向系统传动和操纵机构 能对转向系统传动和操纵机构实施拆装					
资讯	1. 转向系统操纵机构结构的认识及功用 2. 转向系统操纵机构各零部件的检测 3. 动力转向系统的类型与组成 4. 动力转向系统的工作原理 5. 转向操纵机构的拆装及检修					
工作任务	1. 对动力转向系统和转向操纵机构进行认识,识别操纵机构部件的安装位置 2. 对转向操纵机构进行认识,实施拆装 3. 对动力转向系统进行认识,识别动力转向系统零部件的安装位置 4. 转向系统常见故障的排除					
分析计划	根据工作任务,确定所需工具、设备等,并制订小组工作计划: 1. 讨论确定所需仪器、工具及辅助资料 2. 团队协作,组织及人员分工 3. 明确拆装的变速器,制订拆装步骤及要求 4. 操作安全、规范注意事项及技术标准					
实施	1. 依照制订的拆装步骤完成各作业项目,并观察各部件,描述其名称,能认识的部件打"√",不能认识的打"×",同时指出该部件所属系统或机构 2. 拆卸过程中明确技术标准,仔细观察各零部件的型号及其螺栓扭力大小 3. 按正确顺序和技术标准完成装配任务 请依照以上要求完成下表:					
	序号	部件名称	所属机构		认识	考核
	1					
	2					
	3					
	4					
	5					
	6					
分析计划	自评项根据自己对任务的完成情况进行评估并提出改进意见;互评项由组内组外互相交流和评分;教师评估可纳入任务实施过程中或对照上表随机选取几个项目评估。总评采用合格和不合格两级评价。					
	序号	评估项目			自评	教师评估
	1	转向操纵机构部件认识与拆装				
	2	动力转向系统的认识与拆装				
	3	转向操纵机构零部件的检测				
	4	转向系统常见故障的排除				
	5	安全操作规范				
	6	总评				
	任务实施心得:					

四、知识考核

指出图 5-78 中转向器的名称，图中各标号所代表的零件名称。

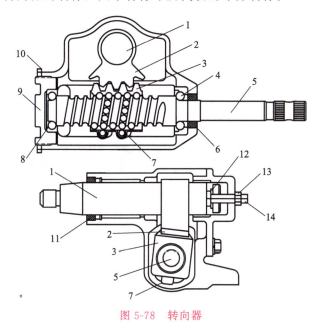

图 5-78　转向器

项目六 制动系统检修与拆装

任务 6.1 制动器机构拆装

学习任务描述

汽车制动系统是指对汽车某些部分（主要是车轮）施加一定的力，从而对其进行一定程度的强制制动的一系列专门装置。一般来说汽车制动系统包括行车制动装置和停车制动装置两套独立的装置。其中行车制动装置是由驾驶员用脚来操纵的，故又称脚制动装置。停车制动装置是由驾驶员用手操纵的，故又称手制动装置。

 一、任务导入

完成本学习任务后，应当能：
（1）掌握制动器的拆装及检修方法；
（2）掌握车轮制动器的结构和工作原理；
（3）能识别制动系统的常见故障，并进行基本的故障诊断及检修；
（4）掌握制动系统主要零部件的检修。
建议完成本学习任务为 10 学时。

 二、信息资讯

1. 制动系统的功用

使行驶中的汽车按照驾驶员的要求进行强制减速甚至停车；使已停驶的汽车在各种道路条件下（包括在坡道上）稳定驻车；使下坡行驶的汽车速度保持稳定，保证汽车停放可靠不能自动滑移。

2. 制动系统的基本组成

汽车两套制动装置都是由制动器和操纵制动器的传动机构两部分组成（图 6-1）。为完成汽车制动系统的作用，现代汽车上一般设有以下几套独立的制动系统：

① 行车制动系统；

② 驻车制动系统；

③ 应制动、安全制动和辅助制动系统。

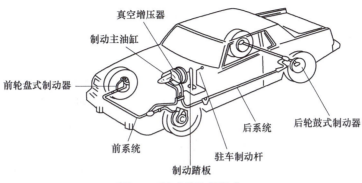

图 6-1 制动系统的组成

3. 制动系统的分类

制动系统有不同的分类方法，按使用目的分类可分为行车制动系统、驻车制动系统和辅助制动系统；按使用能源分类可分为人力制动系统、伺服制动系统和动力制动系统；按照制动能量传输分类可分为机械式、液压式（图 6-2）、气压式（图 6-3）、电磁式、组合式。不论是何种制动系统，其主要部件为行车制动器。

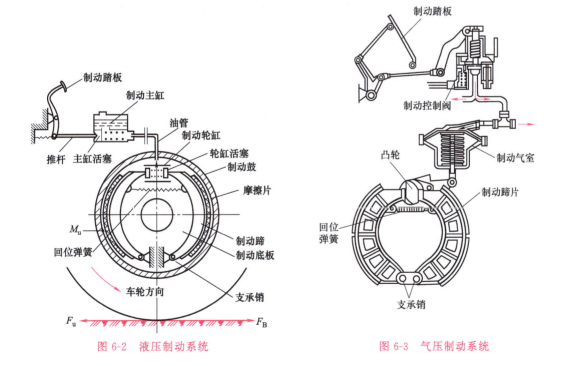

图 6-2 液压制动系统　　　　　　图 6-3 气压制动系统

4. 对制动系统的要求

(1) 具有良好的制动性能：评价汽车制动性能的指标一般有制动距离、制动减速度、制动力和制动时间。

（2）操纵轻便：操纵制动系统所需的力不应过大，对于重型汽车，这一点极为重要。

（3）制动稳定性好：制动时，前后车轮制动力分配应合理，左右车轮上的制动力应基本相等，以免制动时汽车甩尾或跑偏。

（4）制动平顺性好：制动力既能迅速、平稳地增加，又能迅速、彻底地解除。

（5）散热性好：连续制动时，摩擦片的抗热衰退能力要强；水湿后恢复速度要快，磨损后制动蹄与制动鼓的间隙应能调整。

5. 车轮制动器

制动器的旋转元件固装在车轮上，制动力矩直接作用于车轮上的制动器称为车轮制动器。车轮制动器分为鼓式和盘式两大类，二者都是利用固定元件与旋转元件工作表面的摩擦而产生制动力矩，均属于摩擦式制动器。但鼓式制动器摩擦副中的旋转元件为制动鼓，其内圆柱面为工作表面；盘式制动器摩擦副中的旋转元件为圆盘状的制动盘，以端面为工作表面。现代汽车广泛采用鼓式制动器，而盘式制动器多用于轿车和轻型汽车。

鼓式制动器按张开装置的形式不同，可分为以液压轮缸作为制动蹄张开装置的轮缸式制动器和以凸轮作为张开装置的凸轮式制动器。按制动时两制动蹄对制动鼓作用的径向力是否平衡，鼓式车轮制动器又可分为非平衡式、平衡式和自增力式制动器。根据制动蹄的张开力作用点和制动蹄支承点的结构布置不同，鼓式制动器又可分为领从蹄式、单向双领蹄式、双从蹄式、双向双领蹄式、单向自增力式和双向自增力式，如图 6-4 所示。

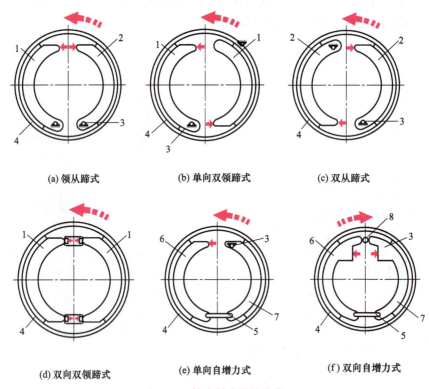

图 6-4 鼓式制动器的分类

盘式制动器摩擦副中的旋转元件是以端面工作的金属圆盘，称为制动盘。摩擦元件从两侧夹紧制动盘而产生制动。固定元件则有多种结构形式，大体上可将盘式制动器分为钳盘式和全盘式两类。钳盘式制动器按制动钳的结构形式可分为定钳盘式（图 6-5）和浮钳盘式（图 6-6）两种。

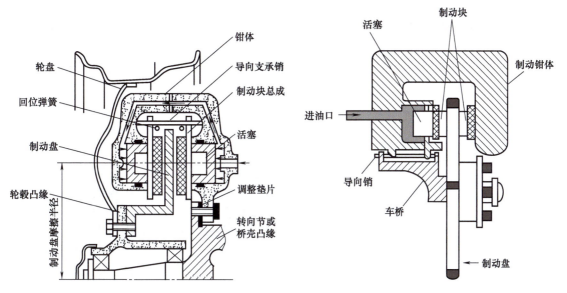

图 6-5　定钳盘式制动器　　　　　图 6-6　浮钳盘式制动器

盘式制动器与鼓式制动器相比较，有以下优点：

（1）制动盘暴露在空气中，散热能力强。特别是采用通风式制动盘，空气可以流经内部，加强散热。

（2）浸水后制动效能降低较少，而且只需经一两次制动即可恢复正常。

（3）制动时的平顺性好。由于无摩擦助势作用，产生的制动力矩仅与油缸液压成比例，制动过程中，制动力矩增长比鼓式制动器缓和。同时，制动器效能受摩擦系数的影响较小，即效能较稳定。

（4）制动盘沿厚度方向的热膨胀量极小，不会像制动鼓的热膨胀那样使制动器间隙明显改变而导致制动踏板行程变化。此外，也便于装设间隙自调装置。

（5）结构简单，摩擦片拆装更换容易，因而保修方便。

盘式制动器的缺点是：

（1）因制动时无助势作用，故要求管路液压比鼓式制动器高，一般需在液压传动装置中加装制动加力装置和采用较大缸径的油缸。

（2）由于盘式制动器活塞的回位能力差，且轮缸活塞的断面积大，制动器间隙又较小，故在液压系统中不能留有残余压力。

（3）防污性能差，制动块摩擦面积小，磨损较快。

（4）兼用于驻车制动时，需要加装的驻车制动传动装置较鼓式制动器复杂，因而在后轮上的应用受到限制。

6. 驻车制动器

驻车制动器又称手制动器，其作用是使汽车停放可靠，便于在坡路上起步，并可在行车制动器失效后应急制动或配合行车制动器进行紧急制动，多数驻车制动器安装在变速器或分动器之后，也有少数汽车安装在后驱动桥输入轴前端，还有的汽车以后轮制动器兼作驻车制动器。

驻车制动器按其安装位置可分为中央制动式和车轮制动式两种。前者的制动器安装在变速器或分动器的后面，制动力矩作用在传动轴上；后者与车轮制动器共用一个制动器总成，只是传动机构是相互独立的。按制动器结构形式的特点可分为：蹄鼓式（图6-7）、蹄盘式（图6-8）和带鼓式（图6-9）驻车制动器。由于鼓式制动器可采用高制动效能的自动增力式制动器，且其外廓尺寸小，易于调整，防泥沙性能好，停车后没有制动热负荷，因而得到广泛应用。

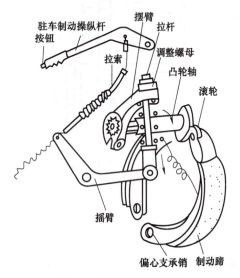

图 6-7 蹄鼓式驻车制动器

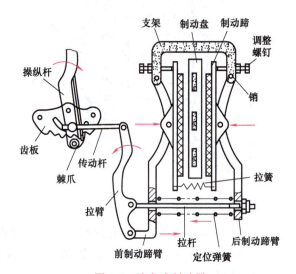

图 6-8 蹄盘式制动器

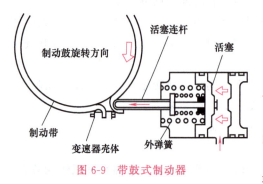

图 6-9 带鼓式制动器

三、任务实施

1. 技术标准与要求

（1）制动蹄摩擦衬层的最小厚度应大于1.0mm。

（2）制动鼓内表面打磨后内径比标准内径的扩大不能超过2mm。

（3）制动蹄表面与制动鼓的接触面积应占整个摩擦面的90%以上。

（4）制动蹄片与制动鼓之间的间隙应满足：制动鼓可用手转动，但有点阻力为宜。

2. 实训器材

带鼓式制动器汽车1辆，带盘式制动器汽车1辆，游标卡尺1把，常用维修工具1套，制动液1瓶，磁力表座、百分表1套。

3. 操作步骤

第一步　鼓式制动器的拆装

（1）鼓式制动器的组成　鼓式制动器（后制动器）组成零件如图6-10所示。

（2）鼓式制动器的拆卸

① 如图6-11所示，取下检测孔塞，从检测孔检查制动蹄摩擦衬层的厚度。最小厚度应

大于1.0mm。否则，应更换制动蹄。

② 卸下制动鼓，如难以卸下，可用金属丝将自动调整杆挑开，再用螺丝刀转动调装置，减小制动蹄被调整装置张紧的力度，如图6-12所示。

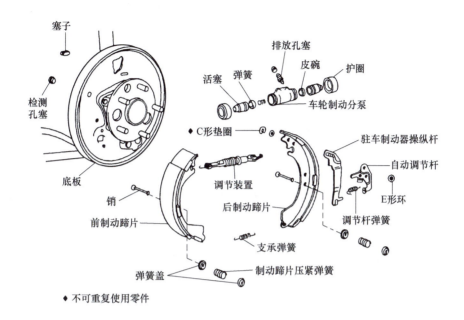

图6-10　鼓式制动器的组成

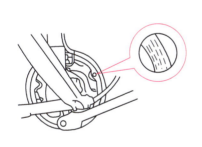

图6-11　制动蹄摩擦衬层的厚度检测

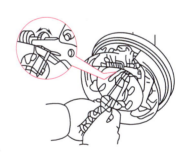

图6-12　制动鼓的拆卸

③ 拆下回位弹簧、压紧弹簧、支承弹簧，拆下前、后制动蹄片，如图6-13所示。
④ 从制动分泵上拆下制动器油管，用容器接住制动液，如图6-14所示。

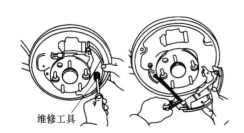

图6-13　弹簧和制动蹄片的拆卸

图6-14　制动器油管的拆卸

图 6-15 制动分泵的组成

⑤ 拆卸并分解制动分泵,制动分泵组成零件有 2 个护罩、2 个活塞、2 个皮碗、1 个弹簧,如图 6-15 所示。

(3) 鼓式制动器零件的检测

① 检查制动鼓

a. 检查制动鼓是否清洁。测量制动鼓内径,如图 6-16 所示,其标准值为 200mm,使用极限为 202mm。检查制动面是否磨损。

b. 拆卸制动鼓时应彻底清洗,检查是否有裂纹、擦伤或深沟槽。

(a) 有裂纹的制动鼓不能再用,否则不安全,必须更换。有裂纹的制动鼓不允许补焊。

(b) 轻微的擦痕应清除。较深、较大的擦痕会使制动蹄摩擦片磨损过大,有可能要修整制动鼓的制动面。

(c) 如制动蹄摩擦片轻微磨损,而制动鼓又磨有沟槽时,制动鼓应使用细金刚砂布抛光,但不允许车削。

② 检查制动蹄摩擦片

a. 检查制动蹄摩擦片厚度,如图 6-17 所示,制动蹄片与摩擦片厚度标准值为 6.1mm,使用极限为 2.8mm。

图 6-16 检查制动鼓内径

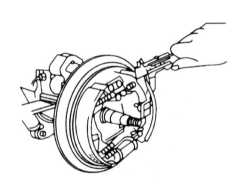

图 6-17 检查制动蹄摩擦片

b. 若摩擦片磨损至使用极限,应同时更换所有摩擦片。

c. 不允许用砂纸打磨摩擦片,否则砂纸的硬质点压入摩擦片会划伤制动鼓。

③ 检查制动蹄与制动鼓之间的贴合情况

a. 如图 6-18 所示,在制动鼓摩擦面上均匀涂抹一层白粉笔,将制动蹄在制动鼓内贴合转 1 周。

b. 检查制动蹄表面与制动鼓的接触面积(制动蹄表面的白色部分),应占整个摩擦面的 90% 以上。否则,应打磨制动蹄摩擦表面,用砂纸或锯片打磨白色部分,再进行贴合试验,重复进行,直至符合要求。

c. 将制动蹄中间部分约 10mm 宽的地方横向打磨,

图 6-18 制动鼓的检查

进行贴合试验,该位置应不白(即未与制动鼓接触),这样有利于在使用中提高制动蹄与制动鼓的接触面积。

④ 检查制动分泵活塞及缸筒,如有划痕或磨损严重,应予更换。另外,在装配时,应更换新的皮碗。

(4) 鼓式制动器的安装

① 在制动分泵活塞、皮碗上涂一层黄油,组装制动分泵,如图6-19所示。

② 将制动分泵安装在底板上并连接好制动油管。

③ 在底板与制动蹄片的接触面上以及调紧装置螺栓的螺纹和尾端涂抹高温黄油。

④ 将调整装置装至后制动蹄片上,装上后制动蹄片(同时装好驻车制动装置),然后装上前制动蹄片,装好支承弹簧。

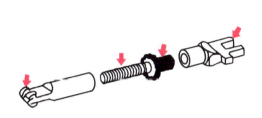

图6-19 调整装置涂黄油的位置

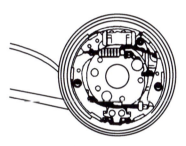

图6-20 调整装置自动回转的检查

⑤ 如图6-20所示,将后制动蹄的手制动器操纵杆前后拉动,检验调整装置应能回转(即回位),否则应检验后制动蹄的安装是否正确;然后将调整装置的长度尽可能调至最短,装上制动鼓。

⑥ 制动蹄片与制动鼓间隙的调整。用螺丝刀从调节孔调节调整螺栓,使制动鼓用手不能转动,再用螺丝刀慢慢放松至制动鼓可用手转动,但有点阻力为宜。

⑦ 装配好车轮。

(5) 制动液的排空

① 将制动总泵的油杯加满制动液。

② 一人将制动踏板连续踏下数次,直至踏板一次比一次增高,到踏不下去为止,然后用力踏着不放。

③ 另一人此时拧松该制动鼓内侧的制动液放气螺栓,应有制动液流出,且该制动液不应有气泡,应有力地冲出,否则应将制动液放气螺栓拧紧,然后踩制动踏板的人将制动踏板放松。

④ 不断重复②、③步骤,直至流出的制动液没有气泡且有力地冲出,拧紧制动液放气螺栓。

⑤ 按相同的方法对其余车轮进行排空。

第二步　盘式制动器的拆装

(1) 盘式制动器组成元件,如图6-21所示。

(2) 制动器摩擦衬块的更换

① 通过泵体上的检测孔,检查摩擦衬块衬层的厚度,如图6-22所示。如厚度不符合要求,应更换。衬层最小厚度为1.0mm。

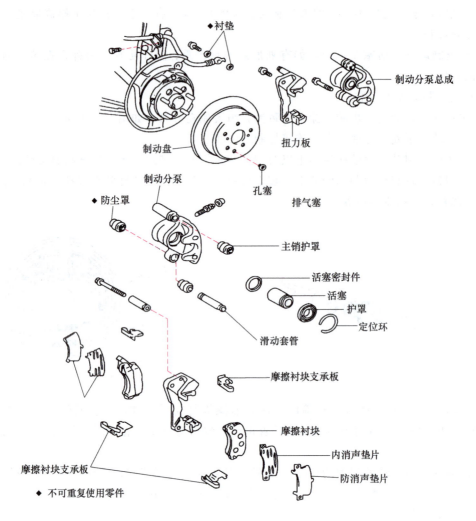

图 6-21　盘式制动器的组成

② 拧松制动分泵下部装配螺栓，吊起制动分泵，如图 6-23 所示。

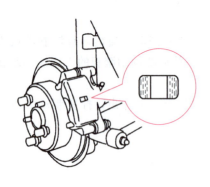

图 6-22　摩擦衬块衬层厚度的检查

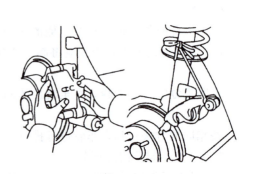

图 6-23　制动分泵的吊起

③ 拆出以下零件：2 块制动器摩擦衬块、4 块消声垫片、1 块摩擦衬块磨损指示板、4 块摩擦衬块支承板，如图 6-24 所示。

④ 装配新的摩擦衬块，如图 6-25 所示。装配时应注意：磨损指示板应装在内摩擦衬块上，且安装时，摩擦衬块磨损指示板应面朝上，另外，在内消声垫片的两面，抹上盘式制动器黄油。

（3）制动分泵的拆装

① 从制动分泵上拆下软管，用容器接排出的制动液。

图 6-24　制动器一组零件的拆卸

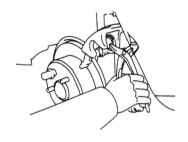

图 6-25　新摩擦衬块的装配

② 拆下分泵上下 2 个装配螺栓，拆下制动分泵及摩擦衬块。

③ 用螺丝刀拆下活塞防尘罩。

④ 用压缩空气从制动分泵进油口将活塞吹出，如图 6-26 所示。注意，应让活塞掉在废布料或类似材料上，避免使活塞表面划伤而影响密封性，小心别碰伤手。

⑤ 用螺丝刀拆出活塞密封件，如图 6-27 所示。

⑥ 用制动液清洗缸套、活塞，更换新的密封件。检查缸套、活塞是否有明显的磨损、损伤，如有，应予更换。

图 6-26　制动分泵活塞的拆卸

图 6-27　活塞密封件的拆卸

⑦ 在密封圈、活塞、防尘罩、导向销表面涂一层黄油，如图 6-28 所示。

⑧ 将密封件、活塞、防尘罩装入制动分泵。

⑨ 装好摩擦衬块，再装好制动分泵。

⑩ 连接好软管。

⑪ 进行排空，并检查制动液是否有泄漏现象。

（4）盘式制动器的检修

① 检查制动块摩擦衬垫

图 6-28　制动鼓的检查

a. 检查摩擦衬垫的磨损情况，如图 6-29 所示。对于活动制动块（包括底板各摩擦衬垫），标准厚度为 15mm，极限厚度为 8mm；对于固定制动块（包括底板各摩擦衬垫），标准厚度为 14mm，极限厚度为 8mm。

b. 拆卸制动块时,应从外观检查制动钳体有无制动液泄漏。如有必要,应进行修正。

② 检查制动钳内部零件

a. 制动分泵导向销的检查。检查导向销运动是否灵活,如图 6-30 所示,若有故障,应进行校正或更换。在导向销的外表面涂上润滑脂。

图 6-29 检查摩擦衬垫的磨损情况

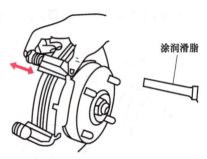

图 6-30 检查摩擦衬垫的磨损情况

b. 防尘罩的检查。检查防尘罩是否破损,如有必要应更换。

c. 密封圈的检查。检查密封圈是否过度磨损或不均匀磨损,如有必要应更换。

③ 检查制动盘

a. 拆下制动盘。

b. 检查制动盘表面是否有刮痕,若有应更换。

c. 检查制动盘的磨损情况,如图 6-31 所示。对于活动制动盘,其标准厚度为 17mm,使用极限为 15mm;对于固定制动盘,其标准厚度为 12mm,使用极限为 10mm。

d. 检查制动盘的变形,如图 6-32 所示,其变形极限为 0.1mm。

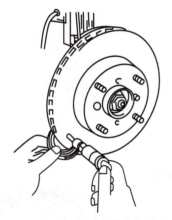

图 6-31 检查制动盘的磨损情况

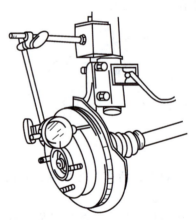

图 6-32 检查制动盘的变形情况

因为桑塔纳 2000 型轿车是通过传动机构对后轮制动器进行操纵的,所以其驻车制动器的检查与调整不单独进行,可按下述方法进行。

① 松开驻车制动器拉杆,用千斤顶顶起后轮使之能自由转动。

② 用力踩一下制动踏板。

③ 把驻车制动器拉杆拉紧两个齿,直到用手不能旋转两个被制动的后轮为止。

④ 松开驻车制动器拉杆,两个后车轮能够自如旋转即为调整合适。

⑤ 检查、清洁所有的制动管路,除了擦净管路表面的油污、泥污外,还应检查有无严

重凹瘪,接头是否松动,橡胶软管有无老化、渗漏、破裂等,如有,必须更换。

⑥ 管路装复后,还应该用压缩空气吹通,并检查各接头不得有漏气现象。

项目任务单

项目	制动系统的拆装与检测				
任务	制动器的拆装及检测			姓名	
班级		组号		日期	
任务目的	能正确认识制动器的结构				
	能对制动器实施拆装				
资讯	1. 鼓式制动器的组成及工作原理 2. 盘式制动器的组成及工作原理 3. 驻车制动器的组成及工作原理 4. 鼓式制动器的拆装及检测 5. 盘式制动器的拆装及检测 6. 驻车制动器的拆装及检测				
工作任务	1. 对制动系统进行总体结构认识 2. 实施鼓式制动器的拆装练习				
分析计划	根据工作任务,确定所需工具、设备等,并制订小组工作计划: 1. 讨论确定所需仪器、工具及辅助资料 2. 团队协作,组织及人员分工 3. 明确拆装检修驱动桥的步骤及要求 4. 操作安全、规范注意事项及技术标准				
实施	1. 依照制订的拆装步骤完成各作业项目,并观察各部件,描述其名称,能认识的部件打"√",不能认识的打"×",同时指出该部件所属系统或机构 2. 拆卸过程中明确技术标准,仔细观察各零部件的型号及其螺栓扭力大小 3. 按正确顺序和技术标准完成装配任务 请依照以上要求完成下表:				
	序号	部件名称	所属机构	认识	考核
	1				
	2				
	3				
	4				
	5				
分析计划	自评项根据自己对任务的完成情况进行评估并提出改进意见;教师评估可纳入任务实施过程中或对照上表随机选取几个项目评估。总评采用合格和不合格两级评价。				
	序号	评估项目		自评	教师评估
	1	工具的选择和使用			
	2	鼓式制动器的组成及部件认识			
	3	鼓式制动器的拆装任务及技能			
	4	安全操作规范			
	5	总评			
	任务实施心得:				

四、知识考核

填写下列鼓式制动器的名称。

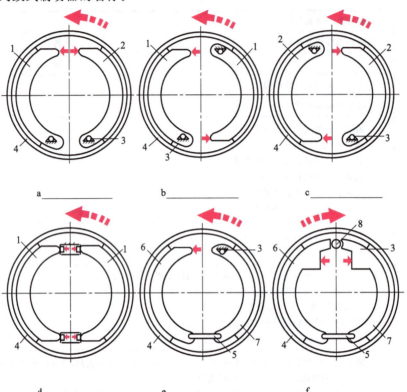

a_____ b_____ c_____

d_____ e_____ f_____

任务 6.2 动力助力系统结构认识与拆装

学习任务描述

目前，轿车上的制动传动装置有机械式和液压式两种。大型客车上还装有气压式制动传动装置。制动传动装置的作用是传递作用力，控制制动器，获得所需的力矩。

一、任务导入

完成本学习任务后，应当能：
(1) 认识制动系统各元件的连接关系、安装位置、管路布置形式；
(2) 进行制动系统及其操纵机构的拆装；
(3) 掌握制动主缸及轮缸的拆卸、检修、装配技能；
(4) 掌握制动器间隙和制动器踏板高度及自由行程的调整技能；
(5) 掌握驻车制动器的检修和调整技能；
(6) 掌握液压制动系统排气技能；
(7) 掌握制动总泵拆装方法和技能；
(8) 掌握检测制动总泵性能的方法和技能；
(9) 掌握制动踏板自由行程调整方法。
建议完成本学习任务为 10 学时。

二、信息资讯

1. 制动传动机构的作用

汽车制动传动机构的作用是将驾驶员或其他动力源的作用力传到制动器，并控制制动器工作，从而获得所需要的制动力矩。

制动传动机构按传力介质的不同可分为机械式、液压式、气压式和气液综合式 4 种，按制动管路的数目可分为单回路式和双回路式两种。目前，机械制动传动机构主要用于驻车制动系统。

2. 液压制动传动装置

液压制动传动装置是利用特制油液作为传力介质，将制动踏板力转换为油液压力，并通过管路传至车轮制动器，再将油液压力转变为制动蹄张开的推力，即产生制动作用。

液压制动传动装置特点：制动柔和灵敏，结构简单，维护方便，不消耗发动机功率。但操纵较费力，制动力不太大，制动液受温度变化而降低其制动效能，液压制动传动装置已广泛应用在轿车和重型汽车上。

3. 液压制动传动装置类型

(1) 液压制动器的组成及工作原理 如图 6-33 所示为液压传动装置示意图。液压传动装置主要由制动踏板机构、制动主缸、制动轮缸（制动活塞）、车轮制动器、油管等组成。制动踏板机构和制动主缸装在车架上，主缸与轮缸由油管连接，油管采用金属管（铜管）以及特制的橡胶制动软管，车轮通过弹性悬架与车架联系，各液压元件及各段油管之间由各种管接头连接，整个液压系统中充满特制的制动液。

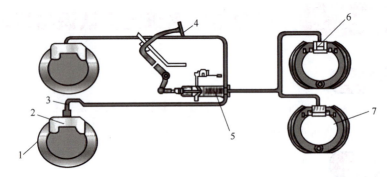

图 6-33　液压传动装置示意图

1—前轮制动器；2—制动活塞；3—油管；4—制动踏板机构；
5—制动主缸；6—制动轮缸；7—后轮制动器

制动踏板机构 4 将驾驶员所施加的力传到制动主缸 5，制动主缸 5 为活塞式油泵，将来自制动踏板机构 4 的机械能转换成液压能，液压能通过油管 3 输入前、后轮制动器 1 和 7 中的制动活塞 2 和制动轮缸 6，制动轮缸 6 和制动活塞 2 将油管传来的液压能转换成机械能，使制动器产生制动效果。

液压传动装置工作原理：当制动踏板 4 被踩下，制动液由主缸 5 中的活塞推动到制动轮缸 6 中，将制动蹄或制动块推向制动鼓或制动盘。在消除制动器间隙的过程中，管路中的油压不很高，仅能克服制动蹄回位弹簧的张力以及油液在管路中的流动阻力；在制动器间隙消失并开始产生制动力矩时，液压与踏板力继续增长，直到完全制动。当松开制动踏板，制动蹄和轮缸活塞在回位弹簧作用下回位，将制动液压回主缸，制动作用随之解除。

制动管路的油压和制动器产生的制动力矩与踏板力成线性关系。如果附着力足够，则汽车所受到的制动力也与踏板力成线性关系。制动系统的这项性能称为制动踏板感（或称路感），驾驶员可因此而直接感觉到汽车制动的强度，以便及时加以必要的控制和调节。

从制动踏板到轮缸活塞的制动系统的传动比，等于踏板机构杠杆比乘以轮缸与主缸的面积之比。传动比越大，则为获得同样大的制动力矩所需的踏板力越小，但踏板行程却因此而越大，使得制动操作不便。故要求液压制动系统的传动比要合适，保证制动踏板力较小，同时踏板行程又不太大。对于人力液压制动系统，在制动器允许磨损量的范围内，踏板全行程不应超过 150mm（新车）～180mm（货车）。制动器间隙调整正常时，从踩下踏板到完全制动的踏板工作行程不应超过全行程的 50%～60%，最大踏板力一般不应超过 350N（轿车）～550N（货车）。

（2）液压制动器传动装置的布置形式

① 单管路液压传动装置　单管路是利用一个制动主缸，通过一套相互连通的管路，控制全车制动器。若传动装置中一处漏油，会使整个制动系统失效。目前，一般汽车上已很少采用。

② 双管路液压传动装置　双管路液压传动装置是利用两个彼此独立的液压系统，当一个液压系统发生故障时，另一个液压系统仍然照常工作，从而提高了汽车制动的可靠性和安全性，现代汽车都采用了双管路传动装置。其类型可分为：前后独立式双回路液压制动传动

装置（图 6-34）和交叉双回路液压制动传动装置（图 6-35）。

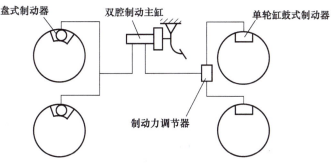

图 6-34　前后独立式双回路液压制动传动装置

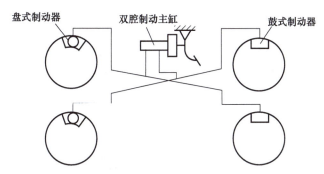

图 6-35　交叉双回路液压制动传动装置

a. 前后独立式双回路制动传动装置：制动时，踩下制动踏板，推杆推动双腔制动主缸的前、后活塞前移，使主缸前、后腔油压升高，制动液分别流至前、后车轮制动轮缸。轮缸的活塞在制动液压力的作用下向外移动推动制动蹄张开压向制动鼓产生制动作用。当松开制动踏板时，制动蹄和轮缸活塞在弹簧作用下回位，并且将制动液压回制动主缸，解除制动。

b. 交叉双回路液压制动传动装置：制动时，踩下制动踏板，推杆推动双腔制动主缸的前、后活塞前移，使主缸前、后腔油压升高，制动液分别流至前、后车轮制动轮缸。轮缸的活塞在制动液压力的作用下向外移动推动制动蹄张开压向制动鼓产生制动作用。当松开制动踏板时，制动蹄和轮缸活塞在弹簧作用下回位，并且将制动液压回制动主缸，解除制动。

装置布置特点是，每套回路连接一个前轮和对角线上的一个后轮，当制动系统中任一回路失效，剩余制动力仍能保持正常总制动的 50%。当汽车在高速状态下被制动时，均能保证后轮不抱死或前轮比后轮先抱死，避免制动时后轮失去侧向附着力而造成汽车失控。该装置主要用于对前轮制动力依赖较大的发动机前置前轮驱动的汽车。

4. 液压制动传动主要部件

（1）制动主缸　分为单腔和双腔两种，分别作用于单回路和双回路制动系统。按照交通法规的要求，现代汽车的行车制动系统必须采用双回路制动系统，因此液压制动系统都采用串联双腔制动主缸。

制动主缸作用是将制动踏板机械能转换成液压能。双管路液压制动传动装置中的制动主缸一般采用串联双腔或并联双腔制动主缸，串联双腔制动主缸构造如图 6-36 所示。

（2）制动轮缸　作用是把来自主缸的油液压力转换为轮缸活塞的机械推力，使制动蹄压靠在制动鼓上产生制动作用，制动轮缸有单活塞式和双活塞式。

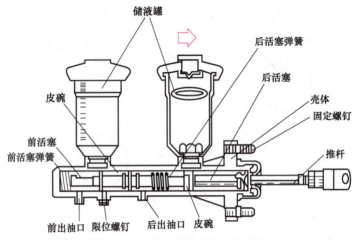

图 6-36　串联双腔制动主缸示意图

图 6-37 所示为单活塞式制动轮缸。由活塞端面凸台保持的间隙形成轮缸内腔。放气阀 1 的中部有螺纹，尾部有密封锥面，平时旋紧压靠在阀座上。与密封锥面相连的圆柱面两侧有径向孔，与网中心的轴向孔道相通。

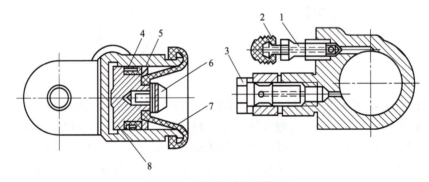

图 6-37　单活塞式制动轮缸

1—放气阀；2—护罩；3—进油管接头；4—皮圈；5—缸体；6—顶块；7—防护罩；8—活塞

需要放气时，先取下橡胶护罩 2，再连踩几下制动踏板，对缸内空气加压，然后踩住踏板不放，将放气阀旋出少许，空气即可排出。空气排尽后再旋紧放气阀。

如图 6-38 所示为双活塞式制动轮缸。缸体 1 用螺栓固定在制动底板上，缸内有两个活

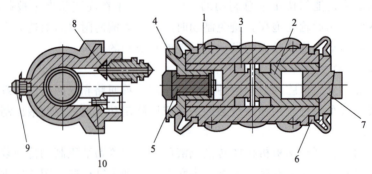

图 6-38　双活塞式制动轮缸

1—缸体；2—活塞；3—皮圈；4—调整轮；5—调整螺钉（顶块）；6—防护罩；
7—支承盖；8—放气螺钉；9—调整轮锁片；10—进油孔

塞2，每个活塞上装有一个皮圈3以密封内腔，二者之间的间隙形成轮缸内腔。

制动时，制动液经油管接头和进油孔10进入内腔，活塞2在液压作用下外移，通过顶块5和支承盖7推动制动路，使车轮制动。弹簧保证皮圈、活塞、制动蹄的紧密接触，并保持两活塞之间的进油间隙。防护罩6可防止水分进入，以免活塞和轮缸生锈而卡住，还可防尘。

（3）制动液　是保证液压系统工作可靠的重要组成部分。对制动液有如下要求。

① 高温下不易汽化，否则将在管路中产生汽阻现象，使制动系统失效。

② 低温下有良好的流动性。

③ 不会使与之经常接触的金属件腐蚀，橡胶件发生膨胀、变硬和损坏。

④ 能对液压系统的运动件起良好的润滑作用。

⑤ 吸水性差而溶水性良好，能使渗入其中的水汽形成微粒而与之均匀混合，否则将在制动液中形成水泡而大大降低汽化温度。

现在，汽车制动液已逐步被合成制动液和矿物制动液所取代。我国生产的合成制动液的汽化温度已超过190℃，在-35℃的低温下流动性良好，适用于高速汽车制动器，特别是盘式制动器。此外，合成制动液对金属件（铝件除外）和橡胶件都无伤害，溶水性也很好，但目前成本还较高。矿物制动液在高温和低温下性能都很好，对金属也无腐蚀作用，但溶水性较差，且易使普通橡胶膨胀，故用矿物制动液时，活塞皮圈及制动软管等都必须用耐油橡胶制成。

（4）制动总泵　富康轿车采用串联式双腔制动总泵，以实现对"X"形双制动管路的控制。其制动总泵的结构如图6-39所示。其右边与真空助力器推杆连接，上部与储液罐连接，侧面两孔分别与两条对角管路连接。它把整个制动系统分成两个独立的系统，这样可防止部分制动管路或元件偶然发生故障时造成整个制动系统的功能丧失，从而使汽车具有双重安全性。

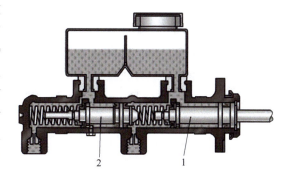

图6-39　制动总泵结构图
1——号活塞；2—二号活塞

（5）真空助力器　神龙富康新车制动系统采用的TEVES真空助力器，其结构如图6-40所示，它主要由活塞、膜片、回位弹簧、推杆与操纵杆、止回阀、空气阀及杜塞真空阀等组成。真空助力器安装在制动踏板操纵杆和制动总泵之间，其作用是为汽车制动提供助力。不制动时，助力器中的膜片悬浮在真空中，依靠A、B腔的真空及回位弹簧3保持平衡。当驾驶员踩制动踏板时，制动踏板操纵杆将推动柱塞真空阀10向左移动，同时空气阀12在弹簧推力下也向左移动，使膜片A、B腔通道关闭，空气阀12打开。此时，膜片左侧的A腔仍为真空，而膜片右侧的B腔通大气，膜片两侧产生压力差，迫使膜片活塞左移，并通过推杆4加大力作用在制动总泵活塞上，这对于驾驶员来说，起到了助力作用。维持制动时，踏板踩下停在某一位置，开始由于膜片两边压力差还在增加而继续左移，但此时阀芯停止向左移动，这时在推盘11的反力作用下，空气/真空阀向右位移，结果关闭大气通道，使空气真空阀处于平衡位置，从而使膜片A、B腔压差保持不变，且与总泵已建立的油压平衡，起到制动助力作用。而解除制动时，制动踏板力消失，回位弹簧将膜片压回平衡位置，操纵杆向右运动，此时空气阀关闭，真空阀开启，A、B腔通道连通，膜片的两侧再次具有相同的真空度。若真空助力器失效或真空管路无真空制动，则制动踏板带动助力器操纵杆9通过空气阀座直接推动膜片座及推盘，从而直接推动输出推杆4使总泵产生制动压力，此时无助力作用。

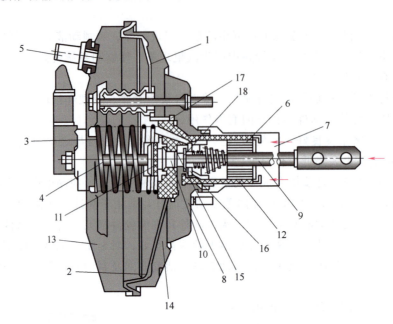

图 6-40 真空助力器结构

1—活塞；2—膜片；3—回位弹簧；4—推杆；5—止回阀；6—空气滤清器；7—通大气孔；
8—B腔抽真空孔道；9—操纵杆；10—柱塞真空阀；11—推盘；12—空气阀；13—前壳体；
14—后壳体；15—膜片座；16—橡胶阀门；17—控制阀；18—大气阀座

5. 气压制动传动装置

气压制动传动装置是以驾驶员的体力作为控制能源，以空气压缩机的压缩空气作为动力源，使制动器产生制动。

气压制动传动装置按制动回路的布置形式可分为单回路和双回路，目前，汽车上多采用双回路气压制动传动装置。

(1) 气压制动传动装置的组成与工作原理 如图6-41所示为气压制动传动装置的组成。气压制动装置由两大部分组成：控制部分，包括制动踏板9、制动控制阀10、控制管路、制动气室11、12及制动灯开关13等部件；气源部分，包括空气压缩机1、储气筒5、调压机构（卸荷阀2和调压阀3）、气压表8和安全阀6等部件。双回路控制系统还包括泵类、阀类装置。

工作原理：空气压缩机由发动机通过皮带轮或齿轮驱动，将高压空气压入储气筒，筒内气压利用调压机构保持在0.7~1MPa范围内。用气压表指示气压。储气筒通过制动控制阀和管路与前、后制动气室连通。通过制动踏板来操纵制动控制阀，使制动气室在制动时与储气筒相通，而在解除制动时与大气相通。

不制动时，前、后制动气室分别经制动阀和快放阀与大气相通，而与来自储气罐的压缩空气隔绝，因此所有车轮制动器均不制动。

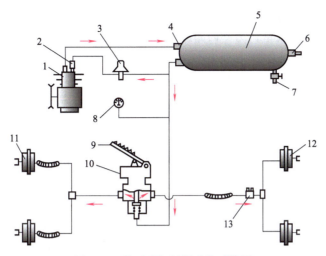

图 6-41　单回路气压制动传动装置

1—空气压缩机；2—卸荷阀；3—调压器；4—单向阀；5—储气筒；6—安全阀；7—油水放出阀；
8—气压表；9—制动踏板；10—制动控制阀；11—前制动气室；12—后制动气室；13—制动灯开关

制动时，驾驶员踩下制动踏板，制动阀首先切断各制动气室与大气的通道，并接通与压缩空气的通道，于是储气筒经制动阀向前、后制动气室供气，促使前、后制动器产生制动。此时，制动气室内的气压与踏板行程成正比。踏板踩到底时，通过对制动控制阀的控制作用，使制动气室内最高气压保持在 0.5～0.8MPa 左右，而储气筒内的气压在任何时候都始终高于或等于此值。

（2）双回路气压制动传动装置的组成和管路布置　双回路气压制动传动装置的基本组成包括空气压缩机、双腔制动控制阀、储气筒、制动气室、管路等。

如图 6-42 所示为汽车双回路气压制动传动装置示意图。空气压缩机将压缩空气经单向

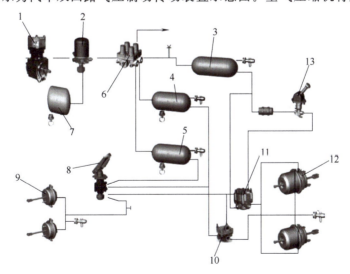

图 6-42　双回路气压制动传动装置

1—空气压缩机；2—空气干燥器；3—驻车储气筒；4—后桥储气筒；5—前桥储气筒；
6—四回路保护阀；7—再生储气筒；8—制动踏板；9—前制动气室；10—制动继动阀；
11—驻车继动阀；12—后制动气室；13—停车制动手阀

阀输入湿储气筒进行气水分离，之后分成两个回路：一个回路经过前桥储气筒、双腔制动控制阀的后腔而通向前制动气室；另一回路经后桥储气筒、双腔制动控制阀的前腔和快放阀而通向后制动气室。

当其中一个回路发生故障失效时，另一回路仍能继续工作，使汽车仍具有一定的制动能力，从而提高了汽车行驶的安全性。当松开制动踏板时，装在制动阀至后制动气室之间的快放阀可使后轮制动气室放气路线及时缩短，保证后制动器迅速解除制动。

6. 制动系统常见故障

汽车制动性能的好坏，将直接影响汽车的行车安全和动力性能的发挥，因此应及时地对制动系统故障进行诊断排除。制动系统的故障可分为普通制动系统故障和ABS故障，诊断时应分别对待。

普通制动系统是汽车制动力的源泉，是制动系统的核心，它的故障往往能导致整个制动系统失效，因而对普通制动系统故障诊断及排除应十分重视。对于普通制动系统故障，应根据故障现象加以分析，进行故障诊断，采取有效方法排除故障。普通制动系统常见故障有制动不灵、制动失效、制动拖滞和制动跑偏等。

（1）制动失效

① 气压制动系统

现象 踩下制动踏板，车辆不减速，即使连续几脚制动也无明显减速作用。

原因

a. 储气筒无压缩空气。

b. 制动踏板至制动控制阀的连接脱开。

c. 制动控制阀故障，如进气阀打不开或排气阀严重关闭不严、膜片破裂。

d. 制动气室膜片严重破裂。

e. 制动管路内结冰或油污严重而阻塞、制动软管断裂。

诊断与排除方法

a. 气压制动失效，应先观看气压表有无气压。

b. 若气压正常，可检查制动踏板与制动控制阀拉臂是否脱节，制动控制阀调整螺钉是否正常。若均正常，则需拆检进气阀。

c. 若无气压，应拆下空气压缩机出气管，起动发动机听察有无泵气声。如泵气声正常，应查明出气管经储气筒到气压表一段有无严重漏气。如无泵气声，则应检修空气压缩机。

② 液压制动系统

现象 同气压制动系统"制动失效"。

原因

a. 储液室内无制动液。

b. 制动软管或金属管断裂。

c. 制动踏板至主缸的连接脱开。

d. 主缸皮碗严重破裂或制动系统有严重的泄漏。

e. 主缸皮碗被踩翻。

诊断与排除方法

首先检查主缸储液室内制动液是否充足，若不足则观察泄漏之处。若主缸推杆防尘套处的制动液泄漏严重，多属主缸皮碗踩翻或严重损坏，若车轮制动鼓边缘有大量制动液，则说明该车轮轮缸皮碗压翻或严重破损。

(2) 制动不灵

① 气压制动系统

现象 汽车制动时,驾驶员感到减速度不足;汽车紧急制动时,制动距离太长。

原因

a. 储气筒内压缩空气达不到规定气压。

b. 制动踏板自由行程过大。

c. 制动阀故障,如最大气压调整不当而导致制动气压太低,平衡弹簧预紧力太小使维持制动来得过早,膜片破裂或排气阀关闭不严。

d. 制动器故障,如制动蹄摩擦片与制动鼓(盘)接触不佳,制动鼓磨损过甚或制动时变形或制动凸轮轴在支承套内锈蚀或发卡。

e. 制动间隙调整不当。

f. 制动管路凹瘪、软管内孔不畅通或漏气。

g. 制动气室膜片漏气。

诊断与排除方法

a. 首先观察气压表。若气压足够,则说明空气压缩机、储气筒正常;若气压不足,而且长时间行驶也不会上升,可能是下述原因所致。

(a) 气压上升缓慢或长时间不上升,发动机熄火后,气压也不下降,多为压缩机故障,如皮带打滑、压缩机泵气不足、压缩机卸荷压力过低及储气筒安全阀放气压力过低等。

(b) 气压上升缓慢,发动机熄火后,气压不断下降,说明存在漏气处,如储气筒安全阀漏气、制动踏板自由行程过小而导致进气阀关闭不严而漏气以及进气阀密封不严等。

b. 踩下制动踏板。观察气压表指针,若气压下降过少,说明制动阀不良,如进气阀开度过小或平衡弹簧过软等;若踩住踏板后气压不断下降,说明有漏气处,如排气阀关闭不严、制动气室漏气、制动软管漏气等。

c. 寻找漏气部位。踩住制动踏板,靠听的方法找到漏气处。

d. 查看制动气室推杆外伸情况。外伸过短说明气管有堵塞或者凸轮轴有锈蚀卡滞。若外伸过大,很可能是制动间隙过大。

e. 上述检查均正常,则故障原因在制动器。如制动蹄粘油、太薄、铆钉外露,制动鼓失圆、磨出沟槽等,应拆开制动器检查。

② 液压式制动系统

现象 同气压制动系统"制动不灵"。

原因

a. 制动踏板自由行程太大。

b. 储液室内存油不足或无油。

c. 制动管路内进入空气、水、其他液体或产生气阻。

d. 制动主缸、轮缸管路或管接头漏油。

e. 制动液变质(变稀或变稠)或管路内壁积垢太厚。

f. 主缸、轮缸皮碗老化,活塞或缸筒磨损过度,配合松旷密封不良。

g. 主缸进油孔、补偿孔或储液室通气孔堵塞。

h. 主缸出油阀、回油阀不密封；活塞复位弹簧预紧力太小；活塞前端贯通小孔堵塞。

i. 油管凹瘪或软管内孔不畅通。

j. 制动器方面的原因，基本同气压制动系统一样。

诊断与排除方法

a. 连续几次踩制动踏板，直至踩不动时，有下面几种情况。

（a）踏板高度正常，踩住踏板，踏板高度不下降，则多为制动间隙过大或者踏板自由行程过大。

（b）踏板高度正常，踩住踏板，踏板高度逐渐下降，则说明制动管路有泄漏处，如皮碗不密封、某处管路破裂或接口松动等。

b. 连续几脚踩制动，制动踏板高度仍然过低，可能是制动主缸活塞回位弹簧过软，或者主缸皮碗破裂。

c. 连续几次踩制动踏板，每次都能将踏板踩到底，而且无反力，说明制动液严重亏损。

d. 连续几次踩制动踏板，踏板高度有增高，但始终有弹性感，说明制动管路内进空气或者产生气阻。

e. 若踏板行程及感觉正常，而制动力不足，很可能是制动蹄与制动鼓之间摩擦力过小所致，如蹄片粘油、制动器进水、制动鼓失圆及磨出沟槽等。

f. 若制动管路存在泄漏时，经仔细检查，总能找到漏油之处。短时间内大量制动液泄漏而且制动效能不良甚至失效，很可能是主缸和轮缸皮碗被踩翻所致。若连续发生皮碗踩翻现象，很可能是制动液对天然橡胶腐蚀所致，此时，应使用耐油橡胶皮碗。

（3）制动跑偏

现象 汽车制动时，车辆行驶方向向一边发生偏斜。

原因 汽车制动跑偏的根本原因是左右车轮制动力不相等，具体表现如下：

① 左右车轮制动间隙不一。

② 左右车轮轮胎气压、直径、花纹或花纹深度不一。

③ 左右车轮制动蹄摩擦片与制动鼓（盘）的接触面积、材料或新旧程度不一。

④ 左右车轮轮缸的技术状况、制动气室推杆外露长度、伸张长度不等，造成起作用时间或张开力大小不等。

⑤ 左右车轮制动蹄复位弹簧拉力不一。

⑥ 左右车轮制动鼓的厚度、直径、变形和磨损程度不一。

⑦ 单边制动管凹瘪，阻塞或漏油；单边制动管路或轮缸内有气阻；单边制动器进水或油污。

⑧ 单边制动蹄与支承销配合紧或锈蚀。

⑨ 两边钢板弹簧刚度不等、两边轴距不等、车架变形及前束不对。

诊断与排除方法 汽车路试制动，根据轮胎印迹（非ABS车辆或ABS不工作时）情况查明制动效能不良的车轮，并作如下检查。

先检查该轮制动管路是否漏油、轮胎气压是否充足。若正常则检查制动蹄与制动鼓的间隙是否符合规定，否则予以调整。如仍无效，可检查轮缸内是否渗入空气，若没有渗入空气，则应拆下制动鼓，按照原因逐一检查制动器各部件。

若各轮胎印迹基本符合要求，但制动仍跑偏，说明故障不在制动系统，而应检查车架和前轴的技术状况。

（4）制动卡滞　若气压制动系统发生制动卡滞现象，则检测如下。

现象　抬起制动踏板后，全部或个别车轮的制动作用不能立即完全解除，以致影响了车辆重新起步、加速行驶。

原因

① 制动踏板自由行程过小，导致制动控制阀的排气阀开启程度不够。

② 制动踏板复位弹簧疲劳、拉断、脱落或拉力太小。

③ 制动间隙调整不当，放松制动后，摩擦片与制动鼓（盘）仍局部摩擦。

④ 制动控制阀故障，如排气阀弹簧疲劳，折断或弹力太小；排气阀橡胶阀面发胀、发黏或阀口上堆积的油污、胶质太多。

⑤ 制动气室膜片（活塞）复位弹簧疲劳、折断或弹力太小。

⑥ 制动凸轮轴在其套内缺油、锈蚀或卡滞。

⑦ 制动蹄与支承销锈蚀。

⑧ 轮毂轴承松旷。

诊断与排除方法

① 汽车行驶拖滞，多为制动踏板无自由行程所致。

② 抬起制动踏板时制动控制阀排气缓慢或不排气，多属制动控制阀故障，表现为各轮制动鼓均发热。若排气声快或断续排气而制动拖滞，一般为个别轮制动拖滞，应用手模试各轮制动鼓温度作进一步判断。

③ 观察车轮制动鼓发热情况，若全部车轮发热，则为制动阀故障，若部分车轮发热，则为制动器故障。

④ 单个车轮拖滞时，可进行下面的检查。

a. 检查制动间隙是否过小。

b. 检查制动踏板，观察制动气室推杆的回位情况。若回位缓慢或者不回位，可能是制动凸轮轴锈蚀或变形所致运动发卡；若回位正常，则可能是制动间隙过小或制动蹄回位弹簧过软导致。

若液压制动系统发生制动卡滞现象，则检测如下。

现象　同气压制动系统"制动拖滞"。

原因

① 制动踏板没有自由行程；或踏板复位弹簧脱落、拉断及拉力太小等使踏板回位困难。

② 制动主缸、轮缸故障，如皮碗发胀、活塞变形甚至黏住、活塞复位弹簧折断或预紧力太小，主缸补偿孔被污物堵塞等。

③ 通往各轮缸的油管凹瘪或堵塞。

④ 不制动时增压器辅助缸活塞中心孔打不开。

⑤ 制动蹄复位弹簧脱落、折断或弹力下降。

⑥ 制动蹄与支承销锈污。

⑦ 制动蹄与制动鼓（盘）的间隙调整不当，制动放松后仍局部摩擦。

⑧ 轮毂轴承松旷。

⑨ 制动器方面的原因，基本同气压制动系统一样。

诊断与排除方法

① 先判断故障是在主缸还是在车轮制动器。

行车中出现拖滞。若所有制动鼓均过热，则表明主缸有故障。若个别制动鼓过热，则表明该车轮制动器工作不良。

维修作业后出现制动拖滞。可将汽车举升，变速器置于空挡并放松手制动，然后转动各车轮再踩下制动踏板。若抬起制动踏板后，各轮均难以立即扳转，则故障在主缸，如个别轮不能立即转动，说明该轮制动器有故障。

② 若故障在主缸时，应先检查踏板自由行程。若自由行程正常，可拆下主缸储液盖，踩制动踏板，观察回油情况，如不回油，则为回油孔堵塞；如回油缓慢，可检查制动液是否太脏、黏度太大。如制动液清澈，则应拆检制动主缸。

③ 个别车轮制动器拖滞。可架起该车轮，旋松其轮缸放气螺钉，如制动液随之急速喷出且车轮即刻旋转自如，说明该轮制动管路堵塞，轮缸未能回油。如旋转车轮仍拖滞，则应检查制动间隙。

④ 如上述均正常，则检修轮缸。

三、任务实施

1．技术标准与要求

（1）制动液有毒性和较强的腐蚀性，排放时必须用专用的容器收集、存放。

（2）真空助力器的输出杆与总泵的第一活塞之间的间隙应在 0.6～0.65mm 之间。

（3）自动调整间隙式制动器间隙为 0.2～0.3mm。

（4）注意各处的密封装置及其安装方法。

2．实训器材

卡环钳、气枪、扭力扳手、游标卡尺、百分表、制动液加注罐、制动液回收罐、桑塔纳2000型轿车、真空助力器、双腔制动主缸、真空增压器、液压制动的汽车整车。

3．操作步骤

第一步　制动主缸的拆卸

桑塔纳2000型轿车制动主缸的拆卸，如图6-43所示。

① 拆卸四根连接油管（注意卸压和制动液的回收）。

② 拆下制动储液罐（也可以和制动主缸一起拆下）。

③ 旋松总泵与真空助力器的连接螺母，取下制动主缸。

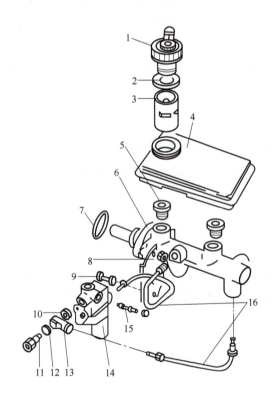

图6-43　桑塔纳2000型轿车制动主缸的拆卸
1—缩紧盖；2,7—密封圈；3—滤网；4—储液罐；5—密封塞；
6—制动主缸；8—支架；9—螺栓（拧紧力矩25N·m）；
10—薄型密封垫；11—空心螺钉；12—厚密封垫；
13—油管接头；14—制动力调节器；15—放气螺栓；
16—油管接头压紧螺母（拧紧力矩25N·m）

第二步　桑塔纳 2000 型轿车真空助力器的拆卸与分解

为方便拆卸，最好将主缸与助力器的环形支架一起从车上拆下。其分解如图 6-44 所示。

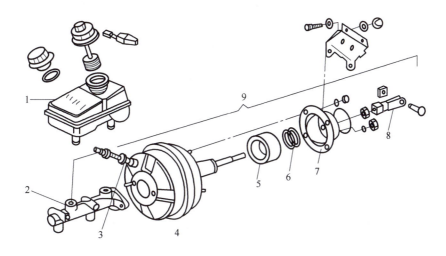

图 6-44　桑塔纳 2000 型轿车制动主缸真空助力器的分解
1—储液罐；2—制动主缸；3—真空单向阀；4—真空助力器；5—密封垫圈；6—支架密封圈；
7—制动助力器安装支架；8—连接叉；9—制动主缸助力器总成

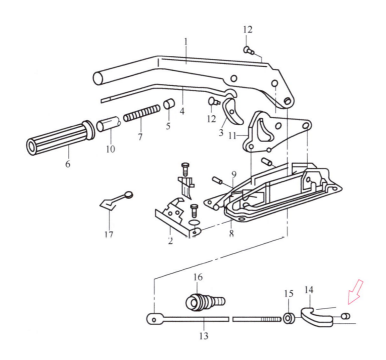

图 6-45　桑塔纳 2000 型轿车驻车制动器的拆卸与分解
1—制动杆；2—支架；3—棘轮；4—棘轮杆；5—套筒；6—手柄套；7—弹簧；
8—左轴承支架；9—右轴承支架；10—旋钮；11—扇形齿；12—螺栓；
13—操作拉杆；14—拉索调整杠杆；15—限位板；16—防尘罩；17—凸轮

分解前应做好装配记号,然后按照顺序依次拆下膜片弹簧、推杆、膜片总成及前壳体密封件等。

(1) 桑塔纳 2000 型轿车驻车制动器的分解　如图 6-45 所示。

(2) 桑塔纳 2000 型轿车制动主缸的检修　上海桑塔纳轿车的制动主缸不允许分解和修理,若有损坏,应该更换新总成。不同生产厂的制动主缸总成可以互换,储液罐也可以单独互换。桑塔纳 2000 型轿车制动主缸可按下列步骤检修。

① 检查各阀体和阀座,如有破裂或沟槽,应更换新件。
② 检查推杆和压杆,如有磨损,应予更换或涂镀修复。
③ 检查壳体和膜片,如有破裂或老化,应更换真空助力器总成。
④ 前后油封件如有泄漏,必须更换新件。

(3) 桑塔纳 2000 型轿车制动系统的装配与调整

桑塔纳 2000 型轿车车轮制动器装配与调整按拆卸相反的顺序进行。

① 前轮制动器的装配与调整。

a. 安装密封圈和防尘套。安装时应注意:带外密封唇边的防尘套应先用旋具将密封唇边掀入钳体的槽口内,然后再用专用工具将活塞压入缸筒内,接着将活塞装入钳体。

b. 换上新的摩擦片。

c. 装上制动钳,用 40N·m 的力矩拧紧紧固螺栓。

d. 安装上、下定位弹簧。

e. 安装完毕以后,应该按维护的技术要求和步骤进行放气,并使摩擦片能正确就位后进行调整,使之符合技术要求。

② 后轮制动器的装配与调整。

a. 先组装制动轮缸。组装时必须注意清洁,活塞和皮碗安装时应涂以制动泵润滑剂,皮碗不得有磨损和膨胀现象。装配后应检查其密封性。

b. 将制动轮缸按规定力矩紧固于制动底板上。装上复位弹簧,并将制动蹄与推杆连接好。

c. 装上楔形调整块,调整块凸出的一边朝向制动底板。将另一个带有传动臂的制动蹄片装到推杆上,然后装入复位弹簧。

d. 将驻车制动拉索在传动臂上装好。

e. 将制动蹄安装在制动地板上,抵住制动轮缸。装入下复位弹簧,提起制动蹄,装到下面的支架中。

f. 装上楔形件拉力弹簧、制动蹄保持弹簧和座圈。

g. 装入制动鼓、后轮轴承和调整锁紧螺母等,检查调整后轮轴承松紧度。

h. 用力踩踏制动踏板,使制动蹄正确就位。

i. 按照制动系统维护方法和技术要求放气后检查调整好制动蹄与制动鼓间隙。

(4) 液压制动总泵的拆装及检修

① 制动总泵的结构如图 6-46 所示。
② 制动总泵的连接如图 6-47 所示。
③ 液压制动总泵的组成零件如图 6-48 所示。

项目六 制动系统检修与拆装

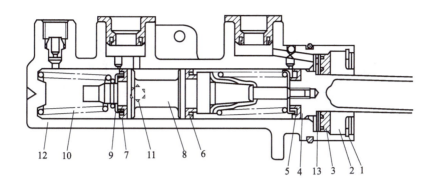

图 6-46 制动总泵的结构

1—活塞挡簧环；2—活塞挡圈；3—缸体罩；4—第一活塞；5—活塞密封环；6—第二活塞密封环；7—活塞密封环；8—第二活塞；9—回位弹簧座；10—第二活塞回位弹簧；11—第二活塞定位螺栓；12—主缸缸体；13—底板

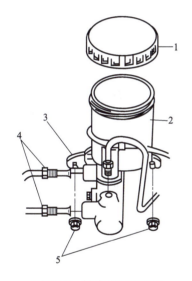

图 6-47 制动总泵的连接

1—储液器盖；2—储液器；3—制动总泵；4—扩口螺母（14~18N·m）；5—装配螺母（10~16N·m）

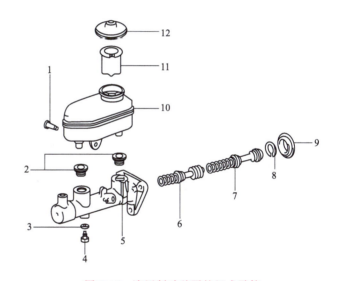

图 6-48 液压制动总泵的组成零件

1—储液罐定位螺钉；2—橡皮密封圈；3—衬垫；4—止动螺栓；5—泵体；6—2号活塞及弹簧；7—1号活塞及弹簧；8—弹簧挡圈；9—护罩；10—储液罐；11—滤网；12—盖

④ 总泵的分解。

a. 拆下总泵的护罩，拆下储液罐。

b. 用螺丝刀将活塞推入缸体尽头，拆下止动螺钉，如图 6-49 所示。注意，螺丝刀头上要缠好布。

c. 用螺丝刀将活塞推入，然后拆出弹性挡圈，如图 6-50 所示。

d. 将活塞及弹簧垂直倒出。

⑤ 总泵的检查。

a. 检测泵筒内有无生锈或擦伤现象，如有，应予更换。

b. 活塞与泵筒的配合间隙应小于 0.20mm，否则，应予更换。

183

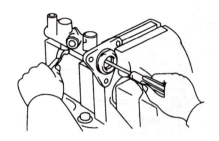

图 6-49 活塞止动螺栓的拆卸

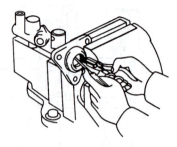

图 6-50 弹性挡圈的拆卸

c. 检查皮碗有无软化、发胀，如有，应更换皮碗。

⑥ 总泵的组装。

a. 组装前，应把所有零件用制动液或酒精清洗干净。

b. 垂直装入两组弹簧及活塞，装上弹性挡圈。

c. 用螺丝刀将活塞推到底，装好止动螺钉。

d. 装好储液罐。

e. 装上总泵护罩。注意，护罩有"UP"标记的面应朝上。

f. 用螺丝刀推压前活塞，前活塞移动灵活，无卡滞现象。

⑦ 总泵总成装复后的检查、调整

a. 检查拆下的零件是否或损伤，如图 6-51 所示。如有损坏，更换新件。

b. 检查制动总泵孔是否擦伤或腐蚀，更换腐蚀的总泵。

c. 推动活塞数次，检查其运动和回位是否灵活，完全放松时用细铝丝检查旁通孔、补偿孔是否畅通，如某一孔堵塞，应进行调整。

d. 将总泵总成装回车架，然后调整踏板自由行程。调整时，先松开推杆中间接头的锁紧螺母，然后转动推杆至其球头与活塞接触，再反向转动推杆约 1.5～2.5 圈，此时推杆球头与活塞保持一定的间隙（1.2～2.0mm）和相应的踏板自由行程（10～15mm）。

e. 检查制动踏板自由行程符合规定值后，将推杆中间的锁紧螺母锁紧，以免松动。

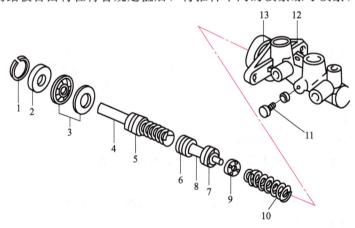

图 6-51 检查制动总泵

1—活塞限位环；2—活塞挡块；3—主缸的护罩与护盘；4——级活塞；5—活塞杯罩；6—二级活塞压力罩；
7—活塞罩；8—二级活塞；9—回位弹簧副座；10—二级活塞回位弹簧；
11—二级活塞限位螺栓；12—主缸体 ；13—密封体

第三步　真空助力器总成的检修

（1）真空助力器总成的结构　如图 6-52 和图 6-53 所示。

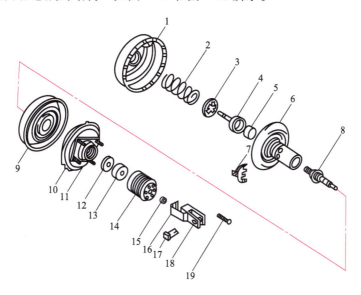

图 6-52　真空助力器总成部件（一）

1—助力器 1 号壳体；2—助力器活塞回位弹簧；3—活塞杆支座；4—活塞杆；5—减振垫；
6—助力器活塞；7—阀门限位块；8—助力器空气阀总成；9—膜片；10—助力器 2 号壳体；
11—2 号壳体油封；12—防尘隔垫；13—防尘组件；14—缸体防尘罩；15—螺母；
16—支架；17—销；18—推杆 V 形夹；19—弹簧销

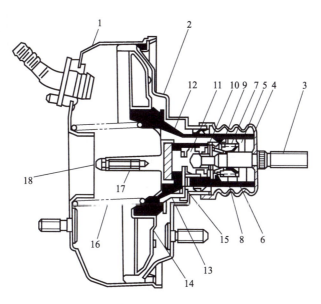

图 6-53　真空助力器总成部件（二）

1—助力器 1 号壳体；2—助力器 2 号壳体；3—真空阀控制杆；4—密封圈座；5—密封圈；6—空气阀弹簧支座；
7—空气阀回位弹簧；8—控制阀弹簧支座；9—控制阀弹簧；10—助力器控制阀；11—助力器空气阀；
12—助力器活塞；13—阀门限位块；14—助力器膜片；15—减振垫；16—助力器活塞回位弹簧；
17—助力器活塞杆；18—助力器活塞杆调整螺钉

(2) 检查真空助力器总成内部零件

① 橡胶件的检查。擦净橡胶件，检查橡胶件是否有切痕、裂口及其他损伤。若有，应更换。

② 金属件的检查。检查金属件是否损坏严重，如有必要应更换。

(3) 真空助力器活塞杆与总泵活塞之间间隙的检查与调整

① 测量间隙前，反复推拉几次活塞杆，以确认阻尼垫位于正确位置。

② 利用助力器活塞杆测规将销压入到与活塞接触为止，如图 6-54 所示。

③ 翻转助力器活塞杆测规，并将其安装在助力器上。调节助力器活塞杆长度直到其端部与销子端部接触为止，如图 6-55 所示。

④ 通过旋转调节活塞杆的螺纹调节间隙，如图 6-56 所示。

⑤ 调整后，在发动机怠速状态下向真空助力器施加正向压力时，活塞杆与总泵活塞的间隙应为 0.10~0.35mm。

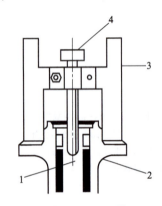

图 6-54　压入销

1—活塞；2—总泵；3—活塞杆测规；4—销子端部

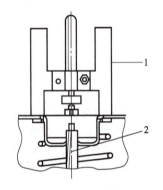

图 6-55　调节活塞杆长度

1—助力器活塞杆测规（专用工具）；2—活塞杆

(4) 真空助力器工作情况检查

① 检查空气阻尼情况如图 6-57 所示。

a. 起动发动机。

b. 发动机起动后运行 1~2min。

c. 以相同的力反复踩几下制动踏板，观察踏板行程。若第一次踩下时行程大，随后再踩时行程逐渐减小，说明气阻已建立。若踏板行程未变化，说明气阻未建立。

d. 若气阻未建立，则检查真空管和密封件，更换失效件后，重新试验。

② 检查操作情况，如图 6-58 所示。

a. 发动机熄火，以相同的力反复踩制动踏板，踏板行程应无变化。

b. 起动发动机，以相同的力反复踩制动踏板，制动踏板行程应稍有增加。

③ 检查负载下的空气阻尼，如图 6-59 所示。

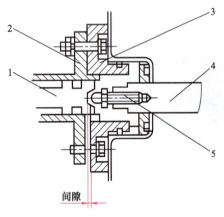

图 6-56　调节活塞杆与总泵活塞之间的间隙

1—总泵活塞；2—总泵；3—真空助力器；4—助力器活塞杆；5—调整螺钉

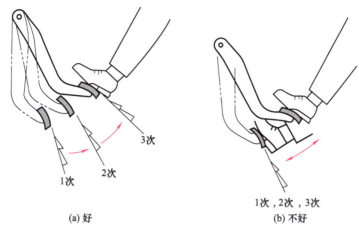

图 6-57 检查空气阻尼情况

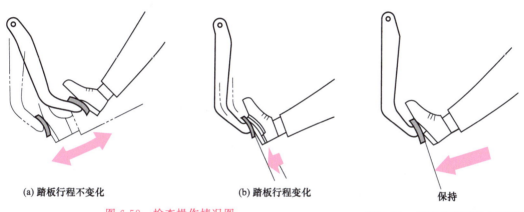

图 6-58 检查操作情况图　　　　　　　图 6-59 检查负载下的空气阻尼

a. 发动机运转时踩下制动踏板,然后熄火发动机。

b. 踩下制动踏板保持 30s,若踏板高度不发生变化,说明情况正常。若踏板上升,说明情况不正常。

第四步　制动系统的检查、调整与维护

(1) 制动踏板自由行程的检查　检查制动踏板自由行程如图 6-60 所示,其值应为 1~8mm。若不满足要求,则检查制动灯开关安装情况。如有必要,进行相应调整。

检查踏板转轴螺栓及制动主缸定位销安装是否紧固,若失效应更换。

(2) 制动踏板行程的检查

① 起动发动机。

② 反复踩制动踏板几次。

③ 用约 300N 的力踩下制动踏板,测量踏板臂至车前壁板之间的距离 B,如图 6-61 所示,其值不得少于 60mm。

a. 若 B 值小于 60mm,则后制动蹄磨损超限或制动管路中含有空气。更换制动蹄,进行制动系统放气。

b. 若 B 值大于 60mm,则制动蹄调整装置或真空助力器的推杆长度没有调整。

(3) 制动踏板自由高度的调整

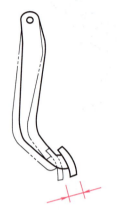
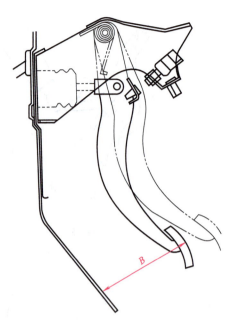

图6-60 检查制动踏板自由行程　　　　图6-61 检查制动踏板行程

① 制动踏板需比离合器踏板低约8mm。

② 当再次定位辅助制动器推杆U形钳时，必须将制动器装配表面与U形钳销孔中心之间的距离调整为114.5～115.5mm。

③ 当拆下制动开关时，应正确调整其安装位置。

(4) 制动灯开关的调整　面向操作人员拉起制动踏板，调整制动灯开关位置，使螺栓末端至制动踏板缓冲垫之间的间隙A为0.5～1.0mm，如图6-62所示。以10～15N·m的力矩拧紧锁紧螺母。

(5) 后制动蹄的检查　若制动踏板行程超过60mm，应检查制动蹄的磨损量。

① 举升车辆，卸下车轮。

② 从制动盘后部卸下橡胶塞。

③ 用放大镜及照明设备仔细检查制动蹄片厚度，如图6-63所示。若蹄片厚度A超过使用极限0.1mm，应更换制动蹄片。

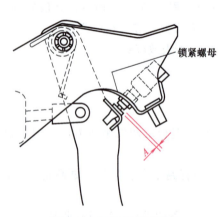
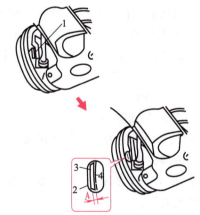

图6-62 调整制动灯开关　　　　图6-63 检查后制动蹄

1—橡胶塞；2—椭圆孔；3—制动蹄；4—制动蹄底部

（6）后制动器蹄鼓间隙调整　更换制动器或拆卸制动鼓进行有关维护后，应调整制动器蹄鼓间隙。该制动器具有间隙自调整功能，装配好各零部件后，用约300N的力踩制动踏板3～5次，间隙自动调整完成。

（7）制动总泵的检查　检查总泵是否存在裂纹，泵外部是否有制动液。若有制动液，则说明存在泄漏。

（8）摩擦块厚度检查　根据维护周期应定期卸下车轮检查摩擦块，通过制动钳体的端口检查内侧和外侧摩擦块的厚度，如图6-64所示，若摩擦块厚度 C 磨损而小于3mm，所有的摩擦块都必须同时更换。

第五步　驻车制动器的检查与调整

（1）驻车制动器的检查

① 握住驻车制动器操纵杆中央，用200～250N的力拉起驻车制动器操纵杆，如图6-65所示，此时棘轮齿A应为4～9个齿。检查左、右后轮是否被抱死。

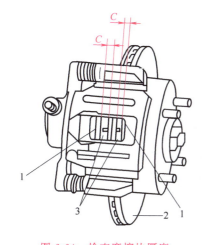

图6-64　检查摩擦块厚度

1—摩擦块外沿；2—制动盘；3—摩擦块

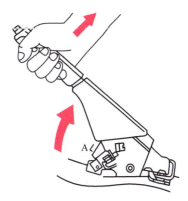

图6-65　检查驻车制动

A—棘轮齿

② 拉起驻车制动器操纵杆时，棘轮发出的"咔嗒"声对应齿数，若齿数不满足要求，应进行调整。

③ 检查棘轮齿轮的磨损情况，若有损坏或过度磨损，应更换驻车制动器操纵杆。

（2）驻车制动器的调整

① 准备工作。

a. 制动系统液压管路中应没有空气。

b. 制动踏板行程应满足要求。

c. 用约300N的力踩几次制动踏板。

d. 用约200N的力拉几次驻车制动器操纵杆。

e. 后制动蹄磨损没有超过使用极限，自动调节装置功能正常。

② 调整驻车制动器。用200N的力拉起驻车制动器操纵杆，使驻车行程在4～9齿内，然后通过自锁螺母锁定，如图6-66所示。

（3）制动系统放气　当制动管路或制动软管接头脱开时，都必须在管路或软管的端头进行放气操作。当与制动总泵相连的元件或制动总泵与车轮间的连接元件被拆卸时，必须对四

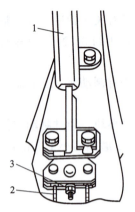

图6-66 调整驻车制动器
1—驻车制动器操纵杆；
2—制动拉索；
3—自锁螺母

个车轮进行放气操作。

① 放气顺序：放气处理时，应先对离制动总泵最远的车轮进行，然后对同一管路上的前轮进行放气。在另一条制动管路进行操作时，原则相同。

② 放气程序。

a. 将总泵储液室加满制动液，在进行放气操作时至少应保证有一半的制动液。

b. 卸下放气塞盖，将一塑料管接到分泵放气塞上，另一端插入储液罐，如图6-67所示。

c. 踩制动踏板几次后，将其踩到底，此时将放气塞松开1/3～1/2圈。

d. 当制动总泵内液压力基本消失后，紧固放气塞。

e. 重复几次操作，直到制动管路中没有气泡为止。

f. 当气泡消失后，在踩下制动踏板的情况下紧固放气塞。

g. 装上放气塞盖。

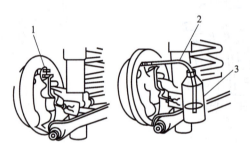

图6-67 制动系统放气
1—放气塞盖；2—塑料管；3—储液罐

h. 完成制动系统放气后，必须施加一定压力，对管路进行泄漏检查。

i. 将制动液储液室中的制动液加注到规定水平。

j. 检查制动踏板的柔性。若发柔，则必须重新进行系统放气。

（4）制动器软管及油管的检查

① 制动器软管的检查：检查制动器软管是否损坏、破裂，如图6-68所示，可用放大器和照明设备进行检查。若有必要，应更换。

② 制动器油管的检查：检查制动器油管是否损坏、破裂、变形及腐蚀，如图6-69所示。若发现上述情况，应更换制动器油管。

（5）制动液液面高度检查

① 应使用壳牌动力施YB DOT4制动液或储液罐上标明的特殊制动液。严禁使用其他制动液。

② 应确保储液罐中的制动液在MAX和MIN标记之间，如图6-70所示。

③ 行车时若制动液警告灯亮时，应补充制动液到MAX刻线处。

④ 当制动液液面下降过快时，应检查制动系统是否存在泄漏。故障排除后，应加注制动液至规定刻度。

图 6-68　检查制动器软管

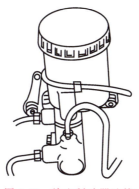
图 6-69　检查制动器油管

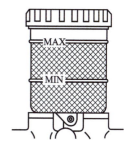
图 6-70　储液罐中制动液液面标记

(6) 主要零部件的检修

① 检查制动分泵　检查制动分泵中的各部件是否有磨损、裂纹、腐蚀或损坏，如图 6-71 所示，应使用制动液清洗制动分泵零件。

② 检查制动支承板　检查制动支承板的棘轮是否有磨损或损坏，如图 6-72 所示。

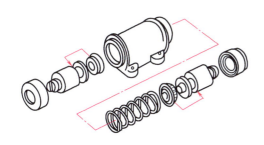
图 6-71　检查制动分泵

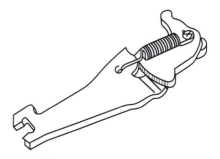
图 6-72　检查制动支承板

③ 检查弹簧　检查弹簧是否损坏或老化，检查图 6-73 所示箭头所指弹簧是否锈蚀，如有应更换。

④ 检查驻车制动器拉杆　检查驻车制动器拉杆靠在制动蹄片上是否能自由运动，如图 6-74 所示。如有不良现象，应修理或更换。

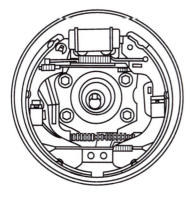
图 6-73　检查弹簧

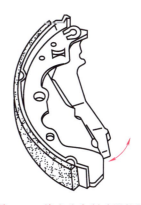
图 6-74　检查驻车制动器拉杆

任务工作单

项目	动力助力制动系统的拆装与检测					
任务	液压制动系统的检修				姓名	
班级			组号		日期	
任务目的	能正确认识液压制动系统的结构 能对液压制动系统实施拆装					
资讯	1. 液压制动系统的组成及工作原理 2. 气压制动系统的组成及工作原理 3. 液压制动系统各零部件的拆装及检测 4. 气压制动系统各零部件的拆装及检测 5. 真空助力器的组成及工作原理 6. 真空助力器的拆装及检测					
工作任务	1. 对液压制动系统进行总体结构认识 2. 实施真空助力器的拆装练习					
分析计划	根据工作任务,确定所需工具、设备等,并制订小组工作计划: 1. 讨论确定所需仪器、工具及辅助资料 2. 团队协作,组织及人员分工 3. 明确拆装检修驱动桥的步骤及要求 4. 操作安全、规范注意事项及技术标准					
实施	1. 依照制订的拆装步骤完成各作业项目,并观察各部件,描述其名称,能认识的部件打"√",不能认识的打"×",同时指出该部件所属系统或机构 2. 拆卸过程中明确技术标准,仔细观察各零部件的型号及其螺栓扭力大小 3. 按正确顺序和技术标准完成装配任务 请依照以上要求完成下表:					
	序号	部件名称	所属机构		认识	考核
	1					
	2					
	3					
	4					
	5					
	6					
分析计划	自评项根据自己对任务的完成情况进行评估并提出改进意见;教师评估可纳入任务实施过程中或对照上表随机选取几个项目评估。总评采用合格和不合格两级评价。					
	序号	评估项目		自评		教师评估
	1	工具的选择和使用				
	2	真空助力器的组成及部件认识				
	3	真空助力器的拆装任务及技能				
	4	安全操作规范				
	5	总评				
	任务实施心得:					

四、知识考核

图 6-75 所示的制动间隙调整装置的名称是什么？它是如何工作的？

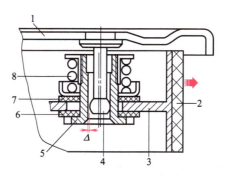

图 6-75 制动间隙调整装置

1—制动底板；2—制动蹄摩擦片；3—制动蹄腹板；4—限位销；
5—限位套筒；6,7—限位摩擦片；8—压紧弹簧

项目七

车身及主要附属设备认识

任务 7.1 汽车车身结构认识

 学习任务描述

客户张先生想购买一台新款轿车,在购车前,他想了解一下车辆的功能、操作和性能等方面的情况。

工作人员在客户选车之时,应该向客户介绍一下新车的类型、配置、功能及使用操作注意事项,见表 7-1。

表 7-1 新车类型、配置、功能及使用操作注意事项

汽车型号	速腾	类型	乘用车
长×宽×高/mm	4655×1770×1453	车身型式	三厢
最高车速/(km/h)	177	0~100km/h 加速时间/s	12.5
混合工况油耗/(L/100km)	6.5	油箱容积/L	55
轴距/mm	2651	整备质量/kg	1300
座位数/个	5	行李厢容积/L	510
最小转弯直径/m	11	最小离地间隙/mm	113
发动机			
排量/mL	1597	最大扭矩转速/(r/min)	3700
最大功率/kW	81	供油方式	多点电喷
最大马力/Ps	110	压缩比	10.5∶1
最大功率转速/(r/min)	5700	燃油标号	92 号
最大扭矩/N·m	155	变速箱类型	5 挡手动
底盘制动			
驱动方式	前轮驱动	前轮制动器类型	通风盘
前悬架类型	麦弗逊式独立悬架	后轮制动器类型	盘式
后悬架类型	多连杆式独立悬架	车体结构	承载式

一、任务导入

完成本学习任务后,应当能:
1. 正确认识汽车的组成部分;
2. 正确识别各组成部分之间的相互连接关系和动力传递路线;
3. 进行汽车车身典型结构的拆装。

建议完成本学习任务为 7 学时。

二、信息资讯

汽车车身是驾驶员和乘员工作与乘坐的场所,从某种意义上讲,汽车车身不仅是现代化的工业产品和先进的交通运输工具的载体,而且是一件精致的艺术品。现代汽车车身特别是轿车车身,为了降低自重,增加整体刚度,大多采用整体式承载结构,加上新材料的大量使用,使车身的结构更加复杂。

乘用车俗称轿车,是指其设计和技术特性上主要用于载运乘客及其随身行李或临时物品的汽车,其座位数包括驾驶员座位在内最多不超过 9 个。

普通乘用车采用封闭式车身,侧窗中柱可有可无;车顶用固定式硬顶,有的顶盖一部分可以开启;车内至少有两排座椅,4 个或者 4 个以上座位,后排座椅可折叠或移动,以形成装载空间;有 2 个或者 4 个侧门,可有一个后开启门。有时也把普通乘用车称为三厢车。

常见的轿车车身由前舱、中舱和后舱三个主要功能构件组成。前舱用于安置发动机(或行李),中舱用来乘载驾驶员和乘客,后舱用于安置行李(或发动机)。前舱和后舱主要取决于发动机的安置位置、安置方法以及行李舱的大小。而中舱通常是固定不变的,因为它是由驾驶员和乘客座位的尺寸要求所决定的。汽车车身的基本结构如图 7-1 所示。

(a) 前舱　　　　　　　　(b) 中舱　　　　　　　　(c) 后舱

图 7-1　汽车车身基本结构

轿车普遍采用承载式车身结构,如图 7-2 所示为承载式车身上的典型零部件。通常,整个车身壳体按强度等级可分为三段,如图 7-3 所示。图中 A、B、C 分别代表车身的前部、中部及后部。轿车车身壳体也成三段,即由前车身、中间车身、后车身三大部分及相关构件组成。

1. 前车身

(1) 前保险杠　典型的汽车前保险杠的结构如图 7-4 所示。

(2) 前翼子板　汽车前翼子板位于汽车发动机前侧下部,前轮上部,是重要的车身装饰件,一般采薄钢板经冲压制作而成,如图 7-5 所示。

(3) 发动机罩　汽车发动机罩位于汽车前上部,是发动机的维护盖板,兼有装饰作用,如图 7-6 所示。

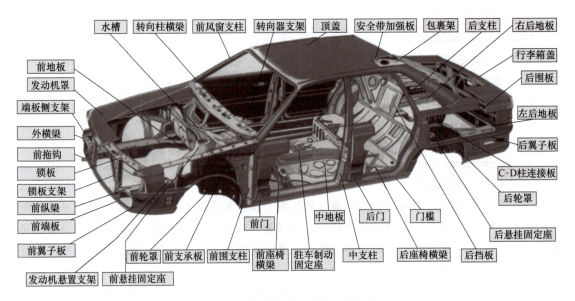

图 7-2 承载式车身上的典型零部件

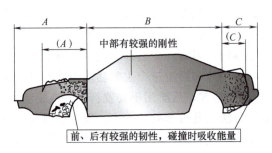

图 7-3 承载式车身结构的强度

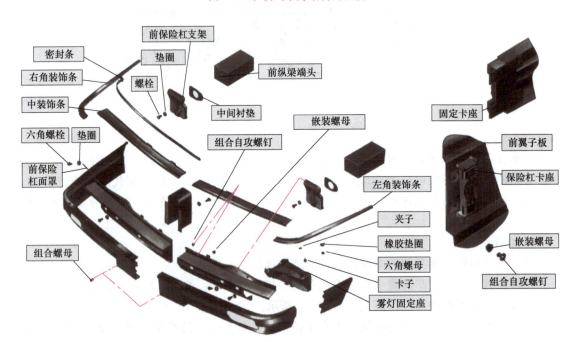

图 7-4 典型汽车前保险杠的结构

(4) 前围板 车身前围板位于乘客室前部，通过前围板可以将发动机室与乘客室分开。

(5) 前纵梁 汽车前纵梁是前车身的主要强度构件，直接焊接在车身下部，其截面尺寸有所变化，其上再焊接车轮罩（某些车型的前轮罩与前纵梁为一体式）等构件，如图7-6所示。

2. 中间车身

中间车身的立柱起支承风窗和车顶的作用，一般下部做得粗大，上部的截面尺寸要考虑驾驶视野而有所缩小。立柱包括前立柱（A柱）、中立柱（B柱）与后立柱（C柱）三种。

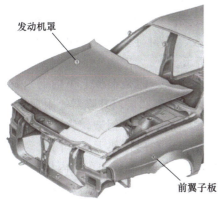

图7-5 汽车前翼子板与发动机罩

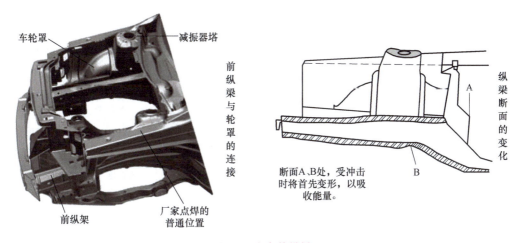

图7-6 汽车前纵梁

(1) 立柱、门槛板和地板 图7-7所示为汽车车身立柱、门槛板、地板及车身加强件的结构及位置示意图。

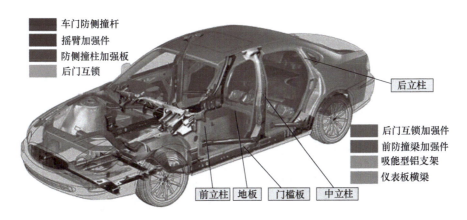

图7-7 汽车立柱、门槛板、地板及车身加强件

(2) 车顶 汽车车顶是指车身车厢顶部的盖板，其上可能装备有天窗、换气窗或者天线等。车顶主要由顶板、车顶内衬和横梁（可能由前横梁、后横梁、加强肋等组成），有的车

图 7-8 电动式车窗

型还备有车顶行李架。

电动式天窗一般由天窗框架、天窗玻璃、天窗遮阳板、天窗导轨和驱动电机等组成，如图 7-8 所示。

（3）车门 车门是乘员上下的通道，其上装有门锁、玻璃和玻璃升降器等附属设施，车门框架是车门的主要钢架，铰链、玻璃和把手等部件安装在门框架上。车门及附件主要包括车门板（车门外板和车门内板）、车门内饰板、车门密封条、车门铰链（一般包括车门上铰链和下铰链）、车门锁总成等零件，如图 7-9 所示。

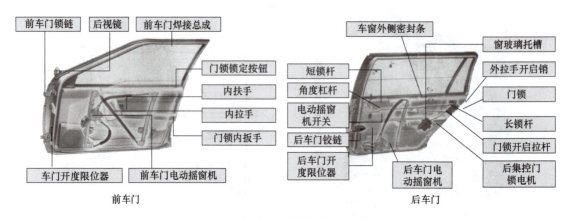

图 7-9 汽车车门

3. 后车身

轿车后车身是用于放置物品的部分，可以说是中间车身侧体的延长部分。三厢车的乘客室与行李箱是分开的，如图 7-10（a）所示；而两厢车的乘客室则与行李箱合二为一，如图 7-10（b）所示。

图 7-10 轿车后车身的两种典型类型

(1) 行李箱和行李箱盖　行李箱由行李箱组件与车身地板钣金件构成。行李箱基本位于轿车车身后部，因此又称为后备箱。行李箱盖的位置如图 7-11 所示。

(2) 后侧板　后侧板是指后门框以后遮盖后车轮及后侧车身的车身钣金件，如图 7-12 所示。

(3) 后保险杠　后保险杠位于汽车车身的尾部，起装饰、防护车辆后部零件的作用，如图 7-12 所示。

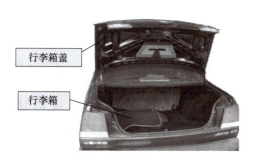

图 7-11　行李箱盖的位置

图 7-12　后保险杠及后侧板的位置

后保险杠主要包括保险杠外皮、保险杠杠体、保险杠加强件、保险杠固定支架以及保险杠装饰条。

三、任务实施

任务　汽车车身典型构件的拆装与调整

1. 技术标准与要求

(1) 查阅维修手册，合理分工制订计划。
(2) 认识汽车车身的整体结构。
(3) 了解车身结构件调整的方法。
(4) 完成汽车车身结构件的拆装及调整，以恢复其相关性能，完成任务工单。

2. 实训器材

汽车、车身部件、车门部件。

3. 操作步骤

第一步　汽车车身的拆解与调整

① 摆放好轿车。
② 拆解前部板件，包括前保险杠、左右翼子板、发动机盖和前大小车灯等。
③ 拆解中部板件，包括车门线束、左右车门总成和车门密封条等。
④ 拆解后部板件，包括后保险杠、左右翼子板、行李箱盖、装饰条和密封条等。
⑤ 拆解车身内饰件，包括座椅、仪表板、方向盘、音箱和安全带等。

按与上还相反的步骤装回原件，并按要求进行适当调整。

第二步 汽车车门的拆装与调整

在工作中遇到最多的是整体式车门。这种车门拆装简单，只需卸下车门内饰板就可以进行工作。但是这种车门的内部结构复杂，相关零部件较多，包括升降器、车门中控电机、门锁联动机构和线束等。在拆装时，由于空间狭小，不利于将工具伸进去，操作时非常不方便。

分体式车门最具代表性的是红旗乘用车的车门。这种车门的面板与内骨架是分离的，拆装时需要拆卸门内饰板和内骨架。这种形式的车门对拆装有利，有足够的空间。

拆卸速腾乘用车车门的具体操作步骤如下：

① 取下车门立边密封条。由于此密封条与塑料卡扣相连接，拆卸时用力要轻，防止损坏。

② 拆卸车门外把手。先拉住外把手，使其呈开启状态（这是非常关键的，这种拆卸方式继承了大众乘用车车门外拉式门把手的传统拆卸方式），松动固定螺钉直至门把手小固定块松动，取下小固定块后，分离门锁外拉线与外门把手的连接，取下外门把手，拆下门把手内的固定架螺钉，最后拆下固定车门面板的固定螺钉。螺钉共有两种，它们的两侧和底部是有区别的，要注意加以区分。

③ 取下车门面板，车门内部结构一览无遗，玻璃升降器和门锁等零部件的进一步拆装和更换就非常方便了。

任务工作单

项目	车身及主要附属设备认识				
任务	汽车车身结构认识			姓名	
班级		组号		日期	
任务目的	能正确认识汽车的组成部分				
	能正确认别各组成部分之间的相互连接关系和动力传递路线				
	能进行汽车车身典型结构的拆装				
资讯	1. 汽车车身概述 2. 典型汽车车身结构				
工作任务	1. 汽车车身的拆解与调整 2. 汽车车门的拆装与调整				
分析计划	根据工作任务,确定所需工具、设备等,并制订小组工作计划： 1. 讨论确定所需仪器、工具及辅助资料 2. 团队协作,组织及人员分工 3. 明确拆装的车桥及车轮,制订拆装步骤及要求 4. 操作安全、规范注意事项及技术标准				
实施	1. 依照制订的拆装步骤完成各作业项目,并观察各部件,描述其名称,能认识的部件打"√",不能认识的打"×",同时指出该部件所属系统或机构 2. 拆卸过程中明确技术标准,仔细观察各零部件的型号及其螺栓扭力大小 3. 按正确顺序和技术标准完成装配任务 请依照以上要求完成下表：				
	序号	部件名称	所属机构	认识	考核
	1				
	2				
	3				
	4				
	5				
	6				

续表

自评项根据自己对任务的完成情况进行评估并提出改进意见;教师评估可纳入任务实施过程中或对照上表随机选取几个项目评估。总评采用合格和不合格两级评价。

	序号	评估项目	自评	教师评估
分析计划	1	工具的选择和使用		
	2	汽车车身结构的认识		
	3	车身的拆解与调整		
	4	车门的拆解与调整		
	5	安全操作规范		
	6	总评		

任务实施心得:

四、知识考核

写出图7-13中各车架的名称、作用及使用场合。

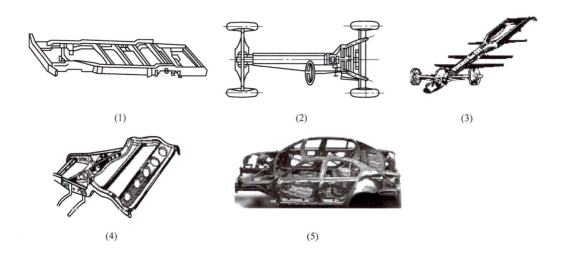

图7-13 车架

序号	名称	作用	适用车型
1			
2			
3			
4			
5			

任务 7.2 汽车主要附属安全设备认识

学习任务描述

对用户所购新车实施交付前的检验，填写新车交付检验单。

工作人员在交付新车前进行必要的安全检验，以保证车辆处于最佳状态，使汽车以最好的状态呈现给用户，使用户获得最大的满足感，提车后即可驾驶。

一、任务导入

完成本学习任务后，应当能：
(1) 正确认识汽车安全防护装置的结构和位置；
(2) 正确使用安全带、车门锁以及头枕等安全装置。
建议完成本学习任务为4学时。

二、信息资讯

随着汽车数量增加以及交通运输日益繁忙，汽车事故增多，所引起的人员伤亡和财产损失严重，已成为一个不容忽视的社会问题。针对这一问题而设置的安全防护装置是现代汽车结构的重要组成部分。

发生汽车碰撞事故时，运动急剧停止、缺乏缓冲距离以及人体与尖硬物接触都会导致严重伤亡。因此，汽车安全防护装置的基本功能和结构原理可归纳如下：

① 对乘员施加约束使之避免在汽车碰撞时与车内物体撞击或被甩出车外。

② 产生软缓冲作用，也即构件以适当的变形距离吸收撞击能量，或者说使速度逐渐下降而避免出现较大的减速度和碰撞力。

③ 加大人体与汽车构件的接触面积，避免产生点接触从而使碰撞造成的单位面积挤压力减少或使碰撞力转移到人体非要害部位。

1. 车内防护装置

汽车碰撞时，其速度迅速下降，而车内乘员的身体由于惯性的作用仍以较大的速度向前冲，就有可能撞到前面的转向盘、仪表板、风窗玻璃上，造成二次伤害。车内的安全防护装置的作用是减缓或避免乘员在汽车碰撞过程中与车内构件的二次碰撞，从而减轻乘员所受到的伤害。安全带和安全气囊系统是避免人体与车内构件相撞的两种常用的防护装置。

(1) 安全带 车用安全带的应用是防止和减少交通事故损伤及死亡最有效的方法之一，如图 7-14 所示为最常用的三点式安全带的各个组成部分。带子由结实的合成纤维织成，包括斜跨前胸的肩带 3、头枕 4，绕过人体胯部的腰带 5。在座椅外侧和内侧地板上各有一个固定点 7 和 8，第三个固定点 1 位于座椅外侧支柱上方。带子绕过上方固定点的环状导向板 2，伸入车身立柱内腔并卷在立柱下部的收卷器 6 内。乘员胯部内侧附近有一个插扣，由插板 10（松套在带子上）和锁扣 9（与内侧地板固定点相连）两部分组成。该两部分插合后即可将乘员约束在座椅上。按下插扣上的红色按钮就可以解除约束。该种结构在正常情况下,安全带对人体上部并不起约束作用。当乘员向前弯腰时,带子可从收卷器 6 经由上方固定点的导向板 2 被拉出;而当乘员恢复正常坐姿时,收卷器又会自动把多余的带子收起,使带子能随时保持与人体贴合。但在紧急情况下,即汽车减速度超过 0.7g 或车身侧倾角超过 12°时,收卷器会将带子卡住从而对乘员产生有效的约束。

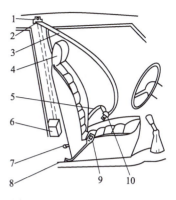

图 7-14 三点式安全带及头枕

(2) 安全气囊系统 也称辅助乘员保护系统(Supplemental Restraint System,SRS)。SRS 通过碰撞传感器监测汽车是否发生碰撞和碰撞的程度。当汽车遭到碰撞时,SRS 控制器根据其传感器的信号判断碰撞的程度,当碰撞强度达到或超过其设定的值时,就立刻输出控制信号,点燃安全气囊点火剂,使气囊迅速充气膨胀,形成一个缓冲垫,以保护车内乘员不致碰撞车内硬物。安全气囊系统如图 7-15 所示,包括传感器 1、2、3 组成的传感器判断系统、气体发生器 4 和气囊 5 等部件。气囊 5 平时折叠在转向盘毂内(或仪表板内),必要时可在极短时间内(0.05s)充满气体呈球形,以对人体起缓冲作用。一些轿车不仅在驾驶员和副驾驶座前安装气囊,在后排、前排侧面、顶部也都装有气囊,全方位地避免或减少汽车碰撞对车内人员所造成的损伤。

(3) 后视镜 后视镜是汽车必有的安全部件之一。驾驶员在行车过程中,通过后视镜来获取汽车后方、侧方和下方的外部信息。后视镜按安装位置不同,可分为外后视镜、下后视镜和内后视镜。外后视镜一般装在车门或者前立柱附近,用于驾驶员观察道路两侧后方情况。下后视镜安装在车身外部的前部或车后部位,用于驾驶员观察车前或车后视线盲区的情况。内后视镜一般装在驾驶室内的前上方,用于驾驶员观察车内部情况或者透过后车窗观察后车厢或者道路状况。

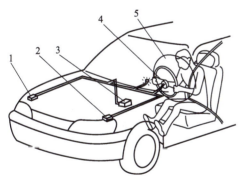

图 7-15 安全气囊系统

(4) 头枕 头枕是在汽车后部受撞击时限制人的头部向后运动的安全装置,这样可避免颈椎受伤。

(5) 安全玻璃 汽车正面或侧面受撞时,乘员头部往往撞击风窗玻璃或侧窗玻璃而受伤,并且玻璃碎片还会使脸部或眼睛受伤。

目前,在汽车上广泛应用的安全玻璃有钢化玻璃和夹层玻璃两种。钢化玻璃是在炽热状态下使其表面骤冷收缩,从而产生预应力的强度较高的玻璃(其落球冲击强度是普通玻璃的 6~9 倍)。普通夹层玻璃有 3 层,总厚度约 4mm。其中间层厚度为 0.38mm。汽车用的夹层玻璃中间层则加厚 1 倍,达 0.76mm,具有较高的冲击强度,称为高抗穿透(HPR)夹层玻璃。国产的车用夹层玻璃中间层材料通常用韧性较好的聚乙烯醇缩丁醛。

钢化玻璃受冲击损坏时,整块玻璃出现网状裂纹,脱落后分成许多无锐边的碎片。HPR 夹层玻璃受冲击损坏时,内、外层玻璃碎片仍黏附在中间层上。中间层韧性较好,在承受撞击时拱起从而吸收一部分冲击能量,起缓冲作用。大量事故调查表明,HPR 夹层玻璃的安全性优于钢化玻璃，故现代汽车的前风窗应尽量采用这种玻璃。

（6）门锁与门铰链　现代汽车的门锁与门铰链应有足够的强度，能同时承受纵、横两个方向的冲击载荷而不致使车门开启，避免了乘员被甩出车外而受重伤或死亡的危险。此外，在事故发生后，门锁应不失效而使车门仍能被打开。目前广泛采用的是能同时承受纵、横向载荷的转子卡板式门锁。

（7）室内其他构件　车身内部一切可能受人体撞击的构件都不应有尖角、凸棱或小圆弧过渡的形状，而且车身室内广泛采用软材料包垫。车身室内软化不仅是为了满足舒适性的要求，更重要的还是为了满足安全性的要求。

2. 车外防护装置

（1）车身壳体结构的防护措施　根据碰撞安全要求，车身壳体的正确结构应是使乘客舱具有较大的刚度以便在碰撞时尽量减小变形，同时使车身的头部、尾部等其他离乘员较远的刚度相对较小，在碰撞时产生较大的变形而吸收撞击能量。显然，若车身乘客舱按照汽车行驶时的载荷来设计，其刚度就显得不足，还需要按碰撞安全性的要求进行局部加强。乘客舱较容易加固的是地板、前围板、后围板等宽大的部件。车门、窗孔洞的周边则是薄弱环节，但风窗立柱和中立柱的截面尺寸又不宜过大，只能在其内部焊上或铆上较厚的加强板。在汽车碰撞时，为避免整个乘客舱的构架产生剪切变形而坍塌，最重要的是加固门、窗框周边拐角部分，可在其上焊上或铆上加强板或加大拐角的过渡圆角。

要使乘客舱获得必要的刚度，不能仅靠局部补强的办法，而应就整个车身结构全面考虑。众所周知，杆件或梁在弯曲时变形较大而在拉伸或压缩时变形较小。因此，车身客舱构件应合理布置，使之尽量不受弯曲载荷。在汽车头部或尾部受碰撞时可通过倾斜构件将主要的碰撞力传向车身纵向构件，使之承受拉伸或压缩载荷。

为了使车身头部和尾部刚度较小，可以在粗大的构件上开孔或开槽来削弱它，或者使构件在汽车碰撞时承受弯曲载荷，即有意设计成折弯形或Z字形产生变形以吸收冲击能量。

为使乘客舱侧面较坚固以便承受较大的撞击力，车身门槛应较粗大，并用地板横梁将左右两根门槛连接起来共同受力。此外在车门内腔还设有防撞杆。

（2）保险杠及护条　汽车最前端和最后端都有保险杠，许多轿车左右两侧还有纵贯前后的防护条。保险杠和护条的安装高度应符合规定，以便汽车相撞时两车的保险杠或护条能首先接触。

保险杠的防护结构应包括两部分：首先是减少行人受伤的保险杠软表层，由弹性较大的泡沫塑料制成，其次是可吸收一部分撞击能量的装置，有金属构架、全塑料装置、半硬质橡胶缓冲结构、液压或气压装置等。

车身侧面的护条以防止汽车相互刮擦为主，与行人接触的概率较小，一般由半硬质塑料或橡胶制成。

（3）汽车其他外部构件　根据事故统计资料，除了保险杠外，经常使行人受伤的构件主要有前翼子板、前照灯、发动机罩、前轮、风窗玻璃等。这些构件不应尖锐而坚硬，最好是平整光滑又富有弹性。某些轿车的整个正面都用大块聚氨酯泡沫塑料制成，并将发动机罩顶面用软材料包垫，以提高安全性。

三、任务实施

任务　汽车附属结构件的认识

1. 技术标准与要求

（1）小组成员分工协作，利用实训资料，依据任务工作单制订工作计划，并通过小组自评或互评检查工作计划。

（2）认识车上安全防护装置的结构和位置，并了解它们的功用。

（3）能正确使用安全防护装置，如安全带、车门锁、头枕等。

2. 实训器材

汽车、车内外部件。

3. 操作步骤

（1）依照任务工作单的引导，观察认识所用实训车辆各安全防护装置的位置，并写出其功用，填写任务工作单。

（2）依照任务工作单的引导，正确操作安全带及车门锁，并填写任务工作单。安全带虽然简单，但也有不少驾乘人员不能正确使用，以致酿成事故。在使用座椅安全带时，应注意以下4点：

① 经常检查座椅安全带的状态，如有损坏及时更换。座椅旁边地板上所有固定座椅安全带的螺栓都应按规定拧紧，螺栓周围应涂上密封胶。

② 三点式腰部安全带应系得尽可能低些，系在髋部，不要系在腰部；肩部安全带不能放在胳膊下面，应斜挂胸前。安全带只能一个人使用，严禁双人共用。不要将安全带扭曲使用。

③ 不要让安全带压在坚硬的或易碎的物体上，如衣服里的眼镜、钢笔或钥匙等；也不要让安全带与锋利的刃器摩擦，以免损伤安全带；不要让座椅靠背过于倾斜，否则安全带将不能正确地伸长和收卷；座椅上无人时，要将安全带送回卷收器中，以免在紧急制动时扣舌撞击在其他物体上。

④ 安全带必须与座椅配套安装，不得随意拆卸。如果安全带在使用中曾承受过一次强拉伸负荷，即使未损坏，也应更换，不得继续使用。

任务工作单

项目	车身及主要附属安全设备认识				
任务	汽车附属安全设备认识			姓名	
班级		组号		日期	
任务目的	认识车上安全防护装置的结构和位置，并了解它们的功用 能正确使用安全防护装置，如安全带、车门锁、头枕等				
资讯	1. 汽车车内附属设备 2. 汽车车外附属设备				
工作任务	1. 认识汽车安全防护装置的结构和位置，并写出其功用 2. 正确操作安全带以及车门锁，熟悉它们的防护功能				

分析计划	根据工作任务,确定所需工具、设备等,并制订小组工作计划: 1. 讨论确定所需仪器、工具及辅助资料 2. 团队协作,组织及人员分工 3. 操作安全、规范注意事项及技术标准				
实施	1. 依照制订的拆装步骤完成各作业项目,并观察各部件,描述其名称,能认识的部件打"√",不能认识的打"×",同时指出该部件所属系统或机构 2. 拆卸过程中明确技术标准,仔细观察各零部件的型号及其螺栓扭力大小 3. 按正确顺序和技术标准完成装配任务 请依照以上要求完成下表:				
	序号	部件名称	所属机构	认识	考核
	1				
	2				
	3				
	4				
	5				
	6				
分析计划	自评项根据自己对任务的完成情况进行评估并提出改进意见;教师评估可纳入任务实施过程中或对照上表随机选取几个项目评估。总评采用合格和不合格两级评价。				
	序号	评估项目	自评	教师评估	
	1	汽车安全防护装置部件认识			
	2	汽车安全带的使用			
	3	车身门锁的使用			
	4	汽车驾驶安全及操纵规范			
	5	总评			
	任务实施心得:				

四、知识考核

1. (　　)车身的汽车没有刚性车架,具有较大的抗弯曲和抗扭转的刚度,质量小,高度低,汽车质心低,装配简单,调整行驶稳定性较好,大多数轿车常用。
   A. 承载式　　　　　　B. 半承载式　　　　　　C. 非承载式
2. (　　)的应用是防止和减少交通事故操作及死亡最有效的方法之一。
   A. 车用安全带　　　　B. 头枕　　　　　　　　C. 电动天窗
3. SRS表示的是( )。
   A. 儿童安全座椅　　　B. 安全气囊系统　　　　C. 电动后视镜

参 考 文 献

[1] 李穗平. 汽车结构认识与拆装 [M]. 重庆：重庆大学出版社. 2015.
[2] 鲁民巧. 汽车构造与拆装 [M]. 北京：高等教育出版社，2014.
[3] 张葵葵. 汽车维护 [M]. 北京：高等教育出版社，2014.
[4] 王青云. 汽车底盘机械系统检修 [M]. 浙江：浙江大学出版社，2016.
[5] 黄俊平. 汽车发动机维修实训 [M]. 北京：机械工业出版社，2009.
[6] 杨柏青. 汽车发动机构造 [M]. 重庆：重庆大学出版社，2009.